MERIAN *live!*

W0056101

Göteborg

Anke Benstem reist regelmäßig in den Norden und mag besonders Göteborgs Offenheit und Kreativität. **Dörte Saße** ist dort einst Astrid Lindgren begegnet und immer wieder begeistert von der Stadt.

 Familientipps

Diese Unterkünfte haben behindertengerechte Zimmer

Preise für ein Doppelzimmer mit Frühstück:

€€€€ ab 2200 SEK €€ ab 1000 SEK
€€€ ab 1600 SEK   € bis 1000 SEK

Preise für ein dreigängiges Menü ohne Getränke:

€€€€ ab 270 SEK €€ ab 140 SEK
€€€ ab 210 SEK   € bis 140 SEK

Inhalt

◄ Den frischesten Fisch gibt's in und vor der Feskekörka (▶ S. 52).

Willkommen in Göteborg
Die weltoffene Stadt ist seit jeher Schwedens Tor zur Welt –
mit legendärem Nachtleben und extra trockenem Humor.

Schwedens zweitgrößte Stadt ist jung, frisch und für schwedische Verhältnisse fast schon extrovertiert. Die Göteborger pflegen nicht ohne Stolz ihren ganz speziellen, ziemlich schwarzen Humor, der dem britischen recht ähnlich ist. Gegründet als eine der am besten befestigten schwedischen Städte im 17. Jh. – gewissermaßen als Außenposten mit Westküstenzugang, nördlich schloss sich damals direkt das verfeindete Norwegen, südlich Dänemark an –, zeichnet sich die Stadt heute ganz im Gegenteil durch ihre Spontaneität und Weltoffenheit aus. Nicht zuletzt die vielen Studenten bringen frischen Wind in die Westküstenmetropole. Mehrere Designschulen entlassen jährlich ihre Kreativen ins Geschäftsleben, die Kulturszene ist bunt und lebendig. Nach wie vor prägen Einflüsse aus England »Lilla London« (»Klein-London«), sei es in musikalischer oder in modischer Hinsicht. Durch die wachsende Zahl erfolgreicher Designer-Labels hat sich Göteborg zu einer angesagten Shoppingstadt gemausert.

Stadtplanung am Reißbrett

Was im Jahr 1621 mit einem Netz schachbrettartig geplanter Straßen begann, besticht heute durch seine historische Substanz: Das ursprüng-

◄ Im Arbeiterviertel Haga (► S. 56) geht es noch recht geruhsam zu.

liche Göteborg liegt mit imposanten Pracht- und Gründerzeitbauten innerhalb des früheren Wallgrabens direkt am Fluss »Göta Älv«. Im alten Arbeiterviertel Haga laden zahlreiche Cafés in pittoresken Holzhäuschen zu einer Pause vom Flanieren durch die kopfsteingepflasterte Fußgängerzone ein. Hier wie dort ein Lieblings-Zeitvertreib der Göteborger: »Fika«, Kaffeeklatsch mit Freunden im Café. Oder davor – denn wann immer es geht, sitzen die Menschen draußen. Überhaupt ist man gern im Freien: in den Parks der sanft hügeligen Stadt, in den Naturschutzgebieten in und vor Göteborg oder in den Schären, wo die Luft salzig schmeckt.

Modernes Großstadtleben

Im 21. Jh. pulsiert in Göteborg das Leben. Die Einkaufsstraßen sind sieben Tage die Woche voller Menschen, und die neuen Stadtteile am nördlichen Flussufer bilden einen markanten Kontrast zu den historischen Steinhäusern der Innenstadt. Immer rattert irgendwo eine der himmelblauen Straßenbahnen vorbei, eines der Wahrzeichen Göteborgs. Der hervorragende öffentliche Nahverkehr bringt seine Gäste innerhalb kurzer Zeit ans Ziel. Nicht nur deshalb sollten Ortsfremde das Auto stehen lassen und es den Einheimischen nachtun, die zu Fuß, auf sicheren Radwegen mit dem (Leih-) Fahrrad oder eben ganz authentisch mit der »Spårvagn«, der Straßenbahn, in der Stadt unterwegs sind. Für manchen mag es gewöhnungs-

bedürftig sein, dass vieles in Schweden nur noch per Kartenzahlung funktioniert. Bei Problemen: einfach einen der freundlichen, hilfsbereiten Göteborger ansprechen. Bestimmt kann ein Einheimischer auch ein gutes Restaurant in der Nähe empfehlen, denn Göteborg ist die Stadt der Fisch- und Genießer-Restaurants. Vor allem den frischen Westküstenfisch und feinen Hummer gibt es in allen Varianten – einfach köstlich!

Sommer- und Winterstadt

Göteborg hat ein Sommer- und ein Wintergesicht. In den herrlich langen nordischen Sommertagen spielt sich das Leben draußen ab, in den Straßen, Cafés und weitläufigen Parks. Dann liegt Musik in der Luft, wie bei den großen Rockfestivals im »Slottskogen« und dem Göteborg Jazz Festival in der Innenstadt, die jedes Jahr Zehntausende von Fans anziehen. Sommer in Göteborg bedeutet Genuss und Lebensfreude pur. Gut zu wissen ist, dass vor allem außerhalb der Stadt gelegene Touristenattraktionen oft spezielle Sommeröffnungszeiten haben und manche ab Mitte August nur noch eingeschränkt Besucher empfangen. Wenn es Herbst wird, legt sich langsam die große Winterdunkelheit auf die Stadt. Doch dann, ab November, verwandeln sich Göteborgs Innenstadt und der Freizeitpark Liseberg plötzlich in ein Weihnachtswunderland, in dem unzählige Lichter die lange Nacht erhellen. Zu entscheiden, welche Seite der Halbmillionenstadt schöner ist, bleibt jedem selbst überlassen. Eine Reise in die Westküsten-Metropole lohnt sich auf jeden Fall – zu jeder Jahreszeit.

MERIAN-TopTen

MERIAN zeigt Ihnen die Höhepunkte der Stadt: Das sollten Sie sich bei Ihrem Besuch in Göteborg nicht entgehen lassen.

1 Feskekörka
1874 eröffnete Fischhalle in Kirchenform: unten Fisch, oben das Restaurant Gabriel (▸ S. 32, 52, 84).

2 Götaplatsen und Kungsportsavenyn
Läden, Bars und Restaurants auf der Avenyn und am Götaplatz Museum, Theater und Konzerthaus (▸ S. 53, 59).

3 Göteborgs Utkiken
Sagenhafter Rundumblick auf Stadt und Hafen aus dem Café im »Lippenstift« genannten Hochhaus (▸ S. 55).

4 Haga
Freundliches Altstadtviertel mit Cafés, Boutiquen und Skurrilem in bunten Holzhäusern (▸ S. 56, 84).

5 Kronhuset und Kronhusbodarna
Neben dem ältesten Gebäude Göteborgs bieten Handwerker ihre Waren an (▸ S. 58, 82).

6 Liseberg
Schwedens größter Vergnügungspark mit Fahrgeschäften und Konzerten ist Besuchermagnet (▸ S. 60).

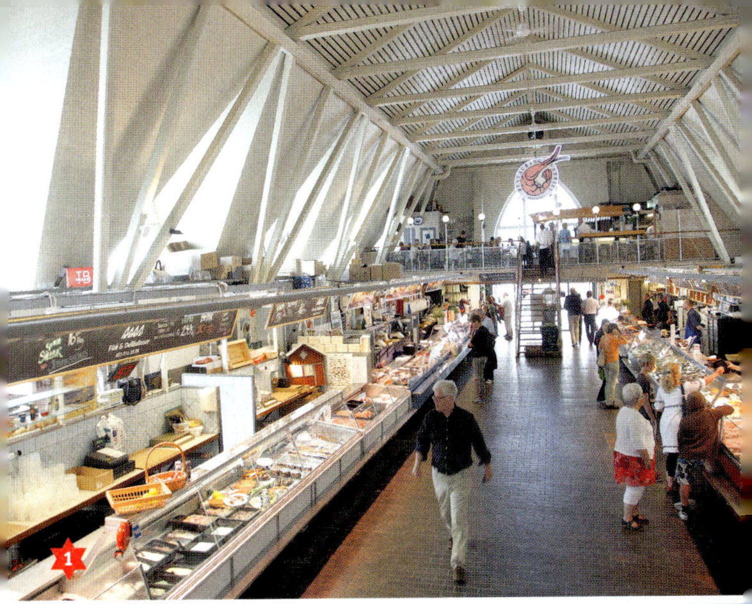

7 Trädgårdsföreningens Park
Rosen, gepflegte Grünflächen und viel Kunst rund um das viktorianische Gewächshaus mit exotischen Pflanzen (▸ S. 66, 87).

8 Maritiman
20 miteinander vertäute Museumsschiffe warten darauf, von kleinen und großen Seebären geentert zu werden (▸ S. 74, 82).

9 Universeum
Sieben Etagen Wissenschaftszentrum für Entdecker mit echtem Regenwald, Aquarien und Experimenten (▸ S. 77).

10 Göteborgs Schärengarten
Bei der Auswahl autofreier Inseln im Kattegatt findet jeder garantiert seinen Lieblingsplatz (▸ S. 88).

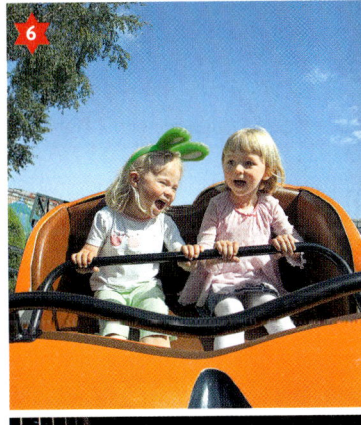

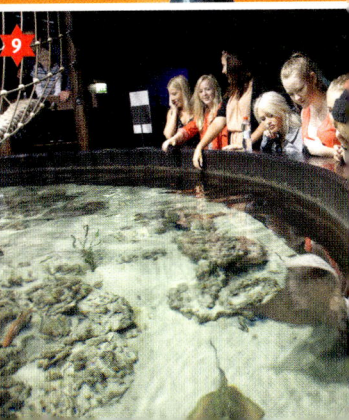

MERIAN-Tipps Mit MERIAN mehr erleben.

Tauchen Sie ein in das Leben der Stadt und entdecken Sie die Seiten Göteborgs, die nur Einheimische kennen.

 Hotel Flora
Stylish wohlfühlen: Im Hotel Flora ist jeder Raum individuell eingerichtet – puristisch und mit viel Schwarz-Weiß (▸ S. 14).

 Hos Pelle
Pelle Danielsson interpretiert Hausmannskost mit frischen und modernen Kreationen neu – köstlich (▸ S. 20).

 Rosenkaféet
Gemütlich altmodische Oase: Kaffeepause mit Rosen im Trädgårdsföreningens Park neben der City (▸ S. 23).

 Victoriapassagen
Kleinod zwischen Södra Larmgatan und Vallgatan: stöbern in freundlicher Atmosphäre (▸ S. 34).

 Haga Trätoffelfabrik
Die klassischen schwedischen Holzclogs sind nicht nur modisch schwer angesagt, sondern auch urbequem (▸ S. 35).

 Draken
Der Cineasten-Traum aus den 1950er-Jahren ist jeden Januar das Herz des Internationalen Filmfestivals (▸ S. 39).

 Hafenrundfahrt mit der »Älvsnabben«

Für nur knapp 3 € kreuzt die öffentliche Fähre ab Lilla Bommen durch Hafen und Fluss (▸ S. 51).

 Stora Saluhallen

Göteborgs Markthalle lädt zu einer kulinarischen Weltreise mit Schmackhaftem aus Orient und Okzident ein (▸ S. 64).

 Slottskogen

Lieblings-Picknickpark der Göteborger. Im Schlosswald gibt's sogar echte Elche (▸ S. 66).

 Röda Sten

Kreatives Kulturzentrum für Kunst, Theater, Musik und Tanz in einem ehemaligen Heizkraftwerk mit Galerie (▸ S. 78).

Im Kafé Vanilj des Hotel Vanilla (▸ S. 14) wird das Frühstücksbüffet serviert, aber auch Hausgemachtes wie Apfelkuchen und Zimtschnecken steht auf der Karte.

Zu Gast
in Göteborg

Ein Bier unterm Kronleuchter, das Bett auf dem Schiff,
lokale Labels shoppen, frischen Fisch schlemmen oder
die Nacht durchfeiern – und alles liegt ganz nah.

Übernachten

Das Göteborger Hotelangebot ist äußerst vielfältig und reicht vom feinen Luxushotel bis zum Bed & Breakfast. Man kann sogar auf einem Hotel-Schiff oder in einem eleganten Schloss nächtigen.

◄ Das Hotel Flora (► MERIAN-Tipp, S. 14) glänzt mit individuellen Zimmern und zentraler Lage.

Das Hotelangebot in Göteborg reicht vom Luxushotel über 4-Sterne-Häuser und gute Mittelklassehotels bis zur preiswerten Budget-Unterkunft. Die meisten Häuser liegen im erweiterten City-Bereich, alle wichtigen Sehenswürdigkeiten sind schnell zu Fuß erreicht. Immer mehr Hotels gehen dazu über, ein ökologisches Frühstück anzubieten. Rund 50 Hotels nehmen am »Göteborgs Paketet« teil, bei dem die empfehlenswerte City Card (► S. 106), die freie Fahrt mit öffentlichen Verkehrsmitteln und kostenlosen Eintritt zu vielen Sehenswürdigkeiten gewährt, Teil des Angebots ist.

Sparen mit Sonderaktionen

Wer mindestens drei Monate vor seiner Reise bucht, kann Übernachtungspreise bis zu 30 Prozent unter den normalen Tarifen ergattern. Häufig sind in Göteborg die Hotelzimmer an den Wochenenden und im Sommer ebenfalls günstiger (www.goteborg.com). Es lohnt sich, nach Rabattaktionen zu fragen. WLAN ist fast immer im Zimmerpreis enthalten – dafür müssen Autofahrer in der City mit zum Teil hohen Parkkosten rechnen. Segler finden Gast-Häfen in Citynähe. Für Familien oder Gruppen rechnet sich schnell ein bequemes Apartment mit eigener Verköstigung (http://book.goteborg.com/en/accommodation). Der schnellste Kontakt zu Einheimischen winkt beim Bed & Breakfast (www.bed-and-breakfast.se, www.daysinsweden.com).

Preise für ein Doppelzimmer mit Frühstück:

€€€€ ab 2200 SEK	€€ ab 1000 SEK
€€€ ab 1600 SEK	€ bis 1000 SEK

HOTELS €€€€

Elite Plaza Hotel ► S. 113, D 3

Erstklassig • Hochwertig präsentiert sich Göteborgs einziges 5-Sterne-Hotel im neoklassischen Palast mit skandinavischem Innendesign. Mitten in der Altstadt gelegen, hat es ein Gourmet-Restaurant und ein britisches Pub im Haus. Einige Zimmer im alten Hotelteil sind sehr klein. Inom Vallgraven • Västra Hamngatan 3 • Straßenbahn: Lilla Torget, Domkyrkan • Tel. 7 20 40 00 • www.elite.se • 130 Zimmer • €€€€

First Hotel Avalon ► S. 113, E 3

Stilsicher • Eines der ersten Häuser am Platz ist das nach Feng-Shui-Regeln eingerichtete Designhotel neben der Markthalle. Einige Räume haben ein eigenes Mini-Spa, die Dachterrasse einen Pool mit Glasboden. Inom Vallgraven • Kungstorget 9 • Straßenbahn: Kungsportsplasen • Tel. 7 51 02 00 • www.avalonhotel.se • 101 Zimmer • €€€€

Hotel Eggers ► S. 113, F 2

Historisch edel • Mit mehr als 150 Jahren eines der ältesten Hotels Schwedens. Im mondänen Jugendstilgebäude tummelten sich russische Spione, gediegene Diplomaten und wilde Hippies unter den Kronleuchtern. Noch immer schick und zentral gelegen. Inom Vallgraven • Drottningtorget 2 • Straßenbahn: Centralstationen • Tel. 3 33 44 40 • www.hoteleggers.se • 69 Zimmer • €€€€

Hotel Gothia Towers ▶ S. 118, C 13

Mit Turmzimmer • Zwei verspiegelte Türme beherbergen das moderne Hotel im Kongresszentrum, direkt am Liseberg-Park und Universeum. Fantastischen Panoramablick bietet die Skybar in der 23. Etage. Das benachbarte Schwimmbad ist inklusive. Mehrere Restaurants.
Liseberg • Mässans Gata 24 • Straßenbahn: Korsvägen, Liseberg • Tel. 7 50 88 00 • www.gothiatowers.com • 704 Zimmer • ♿ • €€€€

HOTELS €€€

Best Western Arken Hotel & Art Garden Spa ▶ S. 112, südwestl. A 4

Wellness mit Meerblick • Richtig ausspannen im Hafenviertel Arendal, nur 15 Busminuten von der City entfernt. Das umweltzertifizierte Hotel hat Zimmer in ruhigen Farben, einen großen Fitnessbereich samt Spa, Außensaunas und Blick auf den Schärengarten, Gratis-Parkplätze und Radverleih.

MERIAN-Tipp

HOTEL FLORA ▶ S. 113, E 3

Credo des hübschen Hotels: Hier sollen sich die Gäste wie zu Hause fühlen. Die Zimmer sind liebevoll und individuell mit viel Schwarz und Weiß eingerichtet, es gibt eine nette Bar. Nichtraucherhotel, geraucht werden darf auf der Terrasse. Gleich um die Ecke der »Stora Saluhallen« und damit sehr zentral gelegen.
Inom Vallgraven • Grönsakstorget 2 • Straßenbahn: Grönsakstorget • Tel. 13 86 16 • www. hotelflora.se • 68 Zimmer • €€

Arendal • Nordatlanten 100 • Bus: Arken • Tel. 7 26 25 00 • www.arken konferenscenter.se • 149 Zimmer • €€€

Hotel Riverton ▶ S. 112, C 3

Zentral am Fluss • Den besten Blick über den Hafen bieten im 12. Stock das Restaurant und die Sky Bar. Neben schicken Zimmern gibt es auch voll ausgestattete Apartments. Highlights für Feinschmecker: Wein- und Schokoladen-Verkostungen sowie Kurse beim Gourmet-Koch.
Inom Vallgraven • Stora Badhusgatan 26 • Straßenbahn: Domkyrkan, Fähre: Rosenlund • Tel. 7 50 10 00 • www. riverton.se • 193 Zimmer • ♿ • €€€

HOTELS €€

Hotel Allén ▶ S. 113, F 3

Zentral mittendrin • Freundliches, etwas altmodisch eingerichtetes Hotel mit moderner Technik. Zentral zwischen Avenyn und Stadtpark gelegen. Kaffee und Gebäck kostenlos.
Lorensberg • Parkgatan 10 • Straßenbahn: Kungsportsplasen, Ullevi Södra • Tel. 10 14 50 • www.hotel allen.se • 50 Zimmer • €€

Hotel Vanilla ▶ S. 113, E 3

Charmant und lecker • Jedes Zimmer in dieser historischen Kautabakfabrik in der Altstadt ist anders, doch modern eingerichtet. Familienzimmer haben Kochecken.
Inom Vallgraven • Kyrkogatan 38 • Straßenbahn: Domkyrkan, Kungsportsplasen • Tel. 7 11 62 30 • www. hotelvanilj.se • 32 Zimmer • €€

Hotel Villan ▶ S. 112, südwestl. A 4

Alte Holzvilla • Die familiäre 4-Sterne-Holzvilla am Göta Älv liegt im dynamischen neuen Viertel Eriksberg. Schon das Frühstück bietet besten Blick auf die gegenüberliegende Altstadt, nur zehn Fährminuten entfernt. Große Räume, Familienzimmer; kostenlose Heißgetränke. Eriksberg • Sjöportsgatan 2 • Bus: Eriksbergs Krokäng, Fähre: Eriksberg • Tel. 7 25 77 77 • www.hotel villan.com • 26 Zimmer • ♿ • €€

Hotell Liseberg Barken Viking
▶ S. 113, E 1

Schiffsromantik • Strahlend weiß liegt die Viermastbark »Viking« fest vertäut am Kai. Im Belle-Epoque-Stil bietet sie Behaglichkeit mit maritimem Touch in den relativ kleinen Offizierskabinen.
Inom Vallgraven • Gullbergskajen, Lilla Bommens Torg 10 • Straßenbahn: Lilla Bommen • Tel. 63 58 00 • http://www.liseberg.com/en/home/Accommodation/Hotel/Hotel-Barken-Viking/ • 29 Zimmer • ♿ • €€

Quality Hotel Winn
▶ S. 113, nördl. F 1

Für Sportfans und Familien • Das 3-Sterne-Haus jenseits des Göta Älv bietet neben Pool, Whirlpool und Sauna auch einen hoteleigenen Golfplatz. Zehn Busminuten von der City, Parkplätze gratis.
Brunnsbo • Gamla Tingstadsgatan 1 • Bus: Balladgatan • Tel. 7 50 19 00 • www.choicehotels.no • 121 Zimmer • €€

HOTELS €

Ibis Hotel Göteborg City
▶ S. 113, nördl. F 1

Günstig an Bord • Das zweite schwimmende Hotel der Stadt bietet in einer nachgebauten Fähre kleine, schlichte, aber gemütliche Räume direkt am Fluss. In Spazier-Entfer-

nung zur Altstadt, mit Schiffbar und Sonnenterrasse. Frühstück für Frühaufsteher oder Nachteulen schon ab 4 Uhr morgens.
Inom Vallgraven • Gullbergskajen 217 • Bus: Torsgatan • Tel. 80 25 60 • www.ibishotel.se/goteborg-city • 120 Zimmer • €

Nya Varvet Studios
▶ S. 112, westl. B 4

Kleine Wohnungen • Am Fluss entlang eine Viertelstunde in Richtung Meer, in einer alten Marinebasis gelegen. Mit Garten, Küchenzeilen und Holzböden, Restaurant am Wasser, Gratis-Parkplätzen und Fahrradverleih. Haustiere sind willkommen.
Nya Varvet • Skeppet Ärans väg 23 • Straßenbahn: Nya Varvet, Kungsallén, Bus: Rengatan • Tel. 85 70 22 • www.nyavarvetstudios.se • 150 Zimmer • ♿ • €

HOTELS IN DER UMGEBUNG
Pensionat Styrsö Skäret
▶ S. 116, südwestl. A 12

Mitten im Meer • Eine halbe Stunde Bootsfahrt von der City liegt das blassgelbe Holzhaus auf der idyllischen autofreien Schäre Styrsö. Romantisch und maritim eingerichtet, moderne Technik und immer mit Blick auf Garten oder Meer.
Skäretvägen 53, Styrsö • Tel. 97 32 30 • www.pensionatskaret.se • 13 Zimmer • €€

Nääs Slott   ▶ S. 115, nordöstl. F 5

Günstig wohnen im Schloss • Übernachten, wo Selma Lagerlöf ihre Sommer verbrachte: im eleganten Schloss von Nääs, 30 km östlich von Göteborg am Fluss.
Nääs Slottsallé, Floda • Tel. 03 02/3 12 25 • www.naas.se • 17 Zimmer • €

Essen und Trinken

So nah an der Küste sind Fisch und Meerstiere die Nummer eins in Göteborg. Dazu lockt das ganze kulinarische Spektrum – von nordischem Elch bis zu asiatischen Spezialitäten.

◄ Beim Imbiss Strömmingsluckan
(► S. 23) dreht sich alles um den Hering.

Typisch schwedisches Essen? Natürlich »köttbullar«! Die kleinen Hackbällchen, mit Senf, Ketchup und Kartoffelbrei (»potatismos«) serviert, sind der Renner bei Kindern. Typisch schwedisch ist es aber auch, Kartoffelbrei mit gebratenem Hering zu kombinieren (»stekt strömming«) oder mit Rentier- oder Elchfleisch (»älg«) und Preiselbeersoße. Donnerstag ist traditionell Zeit für Erbsensuppe, gefolgt von süßen Pfannkuchen (»ärtsoppa och pannkakor«). Bei den Göteborgern sehr beliebt ist außerdem Sushi in allen Varianten.

Lunch am Mittag

Wer die Vielfalt der schwedischen Küche kennenlernen will, beginnt beim Mittagstisch, dem »lunch«: Die meisten Restaurants servieren wochentags zwischen 11 und 14 Uhr ein günstiges **Tagesgericht** (»dagens rätt«, meist zwischen 55 und 80 SEK), immer mit Brot, Salat und Wasser, dazu das typische Leichtbier (»lättöl«) oder ein Softdrink (»läsk«) sowie Kaffee. Abends wird »middag« serviert – beliebt als Drei-Gänge-Menü. Da die Göteborger gern ausgehen, ist an den Wochenenden eine Tischreservierung zu empfehlen. In zahlreichen Lokalen der City wartet ein Platzanweiser.

Schwedische Spezialitäten

Hinter »laxpudding« verbirgt sich Kartoffelauflauf mit Lachs. Auch »räkor«, Krabben, und der auf zahllose Arten eingelegte Hering »sill« verraten das nahe Meer. Möglichst oft sind »potatis«, Kartoffeln, dabei. In Göteborg kommen aus dem Skagerrak frische Fische, Krustentiere und Hummer von exquisiter Qualität dazu. Landesweit bekannt sind »Janssons frestelse«, die Versuchung des Herrn Jansson, der einem Kartoffel-Sahne-Auflauf mit Zwiebeln und Anchovis nicht widerstehen konnte, und das Reste-Essen »Pytt i panna« aus Wurst-, Kartoffel-, Käse-, Zwiebel- und Rote-Bete-Würfeln, in der Pfanne mit Spiegelei gebraten. Das berühmte »**Smörgåsbord**«, wörtlich: Butterbrottisch, fahren die Schweden nur zu besonderen Ereignissen auf. Das Büfett bietet dann alle Köstlichkeiten schwedischer Küche wie gebeizten Lachs (»gravad lax«). Zu Weihnachten als »**Julbord**« kommen Spezialitäten wie »lutfisk« (eingelegter Trockenfisch), »lussekatter« (safrangelbe Hefeteilchen) und »pepparkakor« (Pfefferkuchen mit Ingwer) hinzu.

»Fika«-Tradition

Kaffee ist Schwedens Nationalgetränk. »Fika« nennt sich die Tradition, gemütlich bei Kaffee und süßem Gebäck eine Pause einzulegen – nicht nur nachmittags. Die Cafés bieten viele Kaffee-Varianten, und oft ist die zweite Tasse gratis (»påtår«). Dazu ein Eis: Sommers wie winters greifen die Göteborger zu den klassischen Kugeln, am liebsten in der Riesenwaffel. Traditionelles Milcheis namens »gammeldags is«, aber auch Softeis oder experimentellere Sorten mit Lakritze sind sehr beliebt.

Preise für ein dreigängiges Menü:

€€€€ ab 270 SEK	€€ ab 140 SEK
€€€ ab 210 SEK	€ bis 140 SEK

FISCH

Fiskekrogen ▸ S. 113, D 3

Der Klassiker • Der Fischkrug bringt schon seit vielen Jahrzehnten Fisch und Meeresfrüchte in hervorragender Qualität auf den Tisch. Jeden Freitag gibt es ein Fisch- und Schalentier-Büfett von 17–19 Uhr.
Inom Vallgraven • Lilla Torget 1 • Straßenbahn: Domkyrkan, Bus: Lilla Torget • Tel. 10 10 05 • www.fiskekrogen.se • Mo–Do ab 17.30, Fr ab 17, Sa ab 12 Uhr • €€€€

Långedrag Värdshus ▸ S. 116, südwestl. A 12

Auf den Klippen • Hier kann man köstlichen frischen Fisch in allen Variationen genießen, während man von der großen Terrasse aus den Schiffen im Schärengarten nachblickt. Eine Viertelstunde vom Zentrum entfernt.
Långedrag • Talattagatan 24 • Straßenbahn: Långedrag • Tel. 29 20 60 • www.langedragvardshus.se • Mo–Fr 11.30–14 und ab 18, Sa, So ab 12 Uhr • €€€€

Restaurang Gabriel ▸ S. 112, C 4

Frischer geht's nicht • Eben noch im Netz, jetzt in der Fischhalle »Feskekörka« lecker zubereitet auf dem Teller – am besten vom Lunchbüfett.
Inom Vallgraven • Feskekörka • Straßenbahn: Hagakyrkan • Tel. 13 90 51 • www.restauranggabriel.com • Di–Do 11–17, Fr 11–18, Sa 11–15 Uhr • €€€€

Sjömagasinet ▸ S.116, westl. A 10

Preisgekrönt mit Aussicht • In einem Hafengebäude von 1775 bietet das Team um Gustav Trägårdh, dem »Koch des Jahres 2010«, hochklassige und kreative Menüs aus dem Meer.

Majorna • Adolf Edelsvärdsgata 5 • Straßenbahn: Vagnhallen Majorna, Fähre: Klippans Färjeläge • Tel. 7 75 59 20 • www.sjomagasinet.se • Mo–Fr 11.30–14 und 18–24, Sa 17–22 Uhr • €€€€

Swea Hof ▸ S. 113, D 3

Große Tradition • Fisch und Meeresfrüchte (vor allem Lachs, Hering, Krebse) nach alten Rezepten gibt es unterm hohen Glasdach im renommierten Elite Plaza Hotel. Spannend dank offener Küche und Weinarchiv.
Inom Vallgraven • Västra Hamngatan 3 • Straßenbahn: Domkyrkan • Tel. 7 20 40 40 • www.sweahof.se • Mo–Fr 11.30–14, Mo–Sa 18–22 Uhr • €€€€

Sjöbaren ▸ S. 117, D 9

Gemütlich zentral • Mehr als hundert Jahre Lokaltradition hat die See-Bar – in den letzten Jahrzehnten vor allem als hervorragendes Fischrestaurant mit günstigen Preisen zum Lunch. Seit 2010 gibt es einen Ableger in Lorensberg.
Haga • Haga Nygata 25 • Straßenbahn: Hagakyrkan • Tel. 7 11 97 80 • www.sjobaren.se • Mo–Do 11–23, Fr 11–24, Sa 12–24, So 13–21 Uhr • €€€

INDISCH

Bombay Palace ▸ S. 114, A 8

Erstklassig lecker • Als »Indiens kulinarischen Botschafter« sieht sich der führende Inder der Stadt – Qualität, Vielfalt und Geschmack geben ihm recht.
Lorensberg • Södra Vägen 19 • Straßenbahn: Valand • Tel. 18 88 00 • www.bombaypalace.se • Mo–Do 16–22, Fr 16–23, Sa 13–23, So 13–22 Uhr • €€€

Joe Farelli (▶ S. 19) heißt der beliebte Italiener, wo es – im Sommer auch auf der Außenterrasse – in üppigen Portionen Pasta und Pizza satt gibt.

JAPANISCH

Sushibaren ▶ S. 113, D 3

Japanisch lecker • Alle Schweden lieben Sushi. Mehr als 30 Lokale gibt es allein in Göteborg. Eines der besten ist seit 1997 die Sushibar in der Magasinsgatan. Auch Lunch.
Inom Vallgraven • Magasinsgatan 8 • Straßenbahn: Domkyrkan • Tel. 7 01 72 02 • www.sushibaren.net • Mo–Fr 11–20, Sa–So 12–18 Uhr • €€

MEDITERRAN

Incontro ▶ S. 118, C 13

Mit Piano • Italiens Bestes und gute Klaviermusik: Das populäre Restaurant im Hotel Gothia Towers bietet Qualität bei Lunch, Brunch und Afterwork-Dinner am Freitag.
Heden • Mässans Gata 24 • Straßenbahn: Liseberg • Tel. 7 55 88 05 • www.incontro.se • Mo–Mi 11.30–24, Do 11.30–1, Fr 11.30–2, Sa 12–2, So 11.30–16.30 Uhr • €€€€

Joe Farelli 🍴 ▶ S. 113, F 4

Beliebter Italo-Amerikaner • Joe punktet mit leckerer Pasta, Pizza und Hamburgern in großen Portionen. Die riesige Außenterrasse ist im Sommer immer voll. Sonntags gibt es Brunch. Auch für große Gruppen; mit umfangreichem Kindermenü.
Vasastaden • Kungsportsavenyn 12 • Straßenbahn: Valand • Tel. 10 58 26 • www.joefarelli.com • Mo–Mi 11.30–1, Do, Fr 11.30–2, Sa 12–3, So 12–1 Uhr • €€€

Cyrano ▶ S. 117, E 9

Klein und fein • Erstklassige Pizza aus dem Steinofen mit französischem Touch in mediterranem Ambiente. Drei weitere Restaurants in Göteborg.
Vasastaden • Viktoriagatan 26 • Straßenbahn: Vasa Viktoriagatan • Tel. 13 29 00 • www.cyrano.se • Mo–Fr 11–22, Sa, So 14–22 Uhr • €€

SCHWEDISCH

Swedish Taste ▸ S. 113, D 1

Nobel interpretiert • Hausmannskost mit modernem Touch bietet das schicke junge Restaurant mit direktem Hafenblick. Seine Speisen erfreuten schon illustre Stockholmer Nobelpreis-Gäste und schwedische Olympioniken.

Inom Vallgraven • Sankt Eriksgatan 6 • Straßenbahn: Lilla Bommen • Tel. 13 27 80 • www.swedishtaste.com • Mo–Fr 11.30–14 und ab 17, Sa ab 16 Uhr • €€€€

Babar 🌶🌶 ▸ S. 113, A 4

Gemütliche Institution • Das Bistro mit relaxter Atmosphäre bietet seit rund 20 Jahren exquisite nordische und französische Küche. Auch mit Kindern zu empfehlen. Schöner Blick über die Avenyn.

Lorensberg • Kungsportsavenyn 29 • Straßenbahn: Valand • Tel. 20 60 15 • www.babar.se • Mo–Fr 11.30–14,

MERIAN-Tipp 2

HOS PELLE ▸ S. 116, B 9/10

Chefkoch Pelle Danielsson serviert schwedische Hausmannskost, der Jahreszeit angepasst und ganz modern interpretiert. Mittags Tagesgerichte und Klassiker, abends gibt es ein dreigängiges Menü. Zeitgenössische Kunst schmückt das Restaurant sowie das Bistro (auch abends geöffnet) und die nette Bar.

Olivedal • Djupedalsgatan 2 • Straßenbahn: Prinsgatan • Tel. 12 10 31 • www.hospelle.com • Mo–Fr 11.30–14, Mo–Do 18–23, Fr, Sa 17.30–24 Uhr • €€€

Mo, Di 16–22, Mi–Fr 17–22, Sa 11.30–14 • €€€

Linnéterrassen ▸ S. 116, B 9

Edles Ambiente • Hier speist man in kerzenbeleuchteten Sälen einer hölzernen Villa aus dem 18. Jh. oder auf der großen Terrasse der ersten Etage über der Linnégatan. Heimische Küche, freitags mit Afterwork-Büfett, sonntags Spezialmenü.

Olivedal • Linnégatan 32 • Straßenbahn: Prinsgatan • Tel. 24 08 90 • www.linneterrassen.se • Mo–Fr 16–1, Sa, So 13–1 Uhr • €€€

Stearin ▸ S. 116, B 9

Mit Musik • Wie im Wohnzimmer fühlt man sich in dem In-Lokal. Freitags und samstags abends mit eigenem DJ. Mit Bar.

Masthugget • Tredje Långgatan 8 • Straßenbahn: Järntorget • Tel. 14 77 88 • www.restaurangstearin.se • Mo–Do 17–1, Fr, Sa 17–2, So 17–24 Uhr, Lunch tgl. 11.30–14 Uhr (außer Mai–Juli) • €€€

Tvåkanten ▸ S. 114, A 8

Schick gemütlich • Im Zweieck gibt es besten Service und innovative Küche mit schwedischem Touch. Jeden Sonntag steht »Sunday Roast« auf der Karte, Fleischbraten nicht nur für Familien.

Lorensberg • Kungsportsavenyn 27 • Straßenbahn: Valand • Tel. 18 21 15 • www.tvakanten.se • Mo–Do 11.15–24, Fr 11.15–2, Sa 12–2, So 14–24 Uhr • €€€

Hemma hos ... ▸ S. 116, C 9

Ganz Schweden auf dem Teller • Von der Süd- bis zur Nordspitze des Landes kommen die Rezepte – immer mit Westküsten-Dreh und teils exo-

tisch gewürzt. Am besten verschiedene kleine Portionen probieren.
Haga • Haga Nygata 12 • Straßenbahn: Hagakyrkan • Tel. 13 40 90 • www.hemmahos.net • Mo–Fr ab 11.30, Sa, So ab 12 Uhr • €€

Smaka
▶ S. 113, E 4

Gemütliches Szenelokal • In einer Mischung aus Pub und Café serviert Smaka schwedische Hausmannskost, lecker angerichtet zum guten Preis.
Vasastaden • Vasaplatsen 3 • Straßenbahn: Vasaplatsen • Tel. 13 22 47 • www.smaka.se • So–Do 17–1, Fr, Sa 17–2 Uhr • €€

Wasa Källare
▶ S. 117, E 9

Beste Hausmannskost • Der rustikale Ableger im Keller des »Wasa Allé« bietet leckere Tradition zu günstigen Preisen. Markenzeichen: Kartoffelpuffer mit Speck und Preiselbeeren.
Vasastaden • Vasagatan 24 • Straßenbahn: Vasa Viktoriagatan • Tel. 13 13 70 • www.wasaalle.se • Mo–Fr 11–18, Sa 11–16 Uhr • €€

STERNE–KÜCHE

Basement Restaurant & Bar
▶ S. 113, F 4

Hochgenuss im Keller • Das Restaurant mit Michelin-Stern und Kunst an den Wänden bietet innovative schwedische und internationale Küche vom Feinsten, immer der Jahreszeit entsprechend.
Lorensberg • Götabergsgatan 28 • Straßenbahn: Valand, Vasa Kyrkogatan • Tel. 28 27 29 • www.restbasement.com • Di–Sa ab 17.30 Uhr • €€€€

Kock & Vin
▶ S. 113, E 4

Unter Schwedens Top Ten • Hochgelobt und doch gemütlich, kredenzt Koch & Wein – was auf schwedisch klingt wie Coq au Vin – aktuelle nordische Küche, basierend auf lokalen Produkten, mit einem Touch Frankreich. Im Keller lockt »Björns Bar« mit Tapas und bestem Wein.
Vasastaden • Viktoriagatan 12 • Straßenbahn: Vasa Viktoriagatan • Tel. 7 01 79 79 • www.kockvin.se • Mo–Sa ab 18 Uhr • €€€€

WUSSTEN SIE, DASS…

… Göteborg fünf Sterne-Restaurants im Guide Michelin verzeichnet, was für die Größe der Stadt ein absoluter Rekord ist?

Restaurang 28+
▶ S. 113, F 4

Käse und Wein • »Ohne Kompromisse« lautet das Motto des Sterne-Restaurants, das seit 1985 seinen erstklassigen Ruf festigt. Der Weinkeller ist einer der besten, das »stora menyn« liefert Häppchen von allen Highlights der Küche um Chefkoch Hand Borén.
Lorensberg • Götabergsgatan 28 • Straßenbahn: Valand • Tel. 20 21 61 • www.28plus.se • Mo–Sa abends geöffnet • €€€€

Restaurang Fond
▶ S. 118, A 13

Tradition trifft Moderne • Stefan Karlsson hat die schwedische Esskultur international bekannt gemacht – seit 1999 serviert er im eigenen Sterne-Lokal klassische Gerichte mit modernem Touch. Reservierung empfohlen.
Lorensberg • Götaplatsen • Straßenbahn: Berzeliigatan, Bus: Götaplatsen • Tel. 81 25 80 • www.fondrestaurang.com • Do–Fr 11.30–14.30, Mo–Sa 17–22 Uhr, Juli geschl. • €€€€

Thörnströms kök (▶ S. 22) ist eines der vielen Spitzenrestaurants Göteborgs, wo mit frischen regionalen Produkten eine moderne schwedische Küche präsentiert wird.

Thörnströms kök ▶ S. 118, A 14

Die Nummer eins • In Göteborgs Top-Restaurant mit dem jüngsten Michelin-Stern zaubert Håkan Thörnström erstklassige moderne schwedische Küche aus regionalen Produkten. Wer ihm nacheifern will, kann hier auch Kochkurse absolvieren (ca. 1000 SEK).
Landala • Teknologgatan 3 • Straßenbahn: Kapellplatsen • Tel. 16 20 66 • www.thornstromskok.com • Mo–Sa 18–1 Uhr • €€€€

KORVKIOSK

An schwedischen Wurstbuden namens »Korvkiosk« gibt es auch Hotdogs, doch Einheimische nehmen »Korv med mos och bostongurka« (Wurst mit Kartoffelbrei und eingelegten Gurken) oder »Tunnbrödsrulle« (etwa dasselbe, in Fladenbrot gewickelt). Internationale Fast-Food-Ketten bekommen Konkurrenz durch schwedische Varianten, etwa MAX, Saffet's und Sybilla.

Café du Nord ▶ S. 113, E 3

Fleischklops-Spezialist • Nach altem Rezept gibt's hier seit 1875 leckere, große »köttbullar«, natürlich mit reichlich Senf und Soße.
Inom Vallgraven • Kungstorget 3 • Straßenbahn: Kungsportsplatsen • Tel. 13 37 74 • www.cafedunord.se • Mo–Do 7–20, Fr, Sa 7–21, So 11–19 Uhr

Grillköket Jonsborg på Avenyn
▶ S. 114, A 8

Himmelreich für Vegetarier • Ein typischer Korvkiosk, doch Jonsborgs hat auch die wohl größte Auswahl fleischloser Würstchen und Co. Wochentags Happy Hour von 18 bis 20 Uhr.

Lorensberg • Kungsportsavenyn 39 • Straßenbahn: Valand, Bus: Götaplatsen

Strömmingsluckan ▶ S. 113, D 3

Hering auf die Hand • Der Heringsfalle-Imbisswagen steht am Rand der frequentieren Bummelgasse Magasinsgatan. Der Klassiker: Hering mit Kartoffelbrei und Preiselbeersoße. Inom Vallgraven • Magasinsgatan 17 • Straßenbahn: Grönsakstorget • Tel. 07 32/45 99 07 www.strömmingsluckan.se • Mo–Fr 11–15, Sa 12–16 Uhr

CAFÉS

Café Brogyllen ▶ S. 113, D 3

Backkunst • Wie das duftet: frisches Brot, Hefegebäck und Torten. Mit ökologischen Rohwaren gebacken – am besten gleich genießen. Inom Vallgraven • Västra Hamngatan 2 • www.brogyllen.se • Mo–Do 7.30–20, Fr 7.30–19, Sa 8.30–17, So 9.30–17 Uhr

Café Husaren ▶ S. 117, D 9

Rekordhalter • Die größten Zimtschnecken der ganzen Welt soll es im Husaren geben – zu genießen unter alter Stuckdeko oder auf der Straße. Haga • Haga Nygata 28 • Straßenbahn: Hagakyrkan • www.cafe husaren.se • Mo–Do 9–20, Fr 9–19, Sa, So 9–18 Uhr

Café Kardemumma
▶ S. 116, westl. A 12

Freundlicher Treffpunkt • Helles, gemütliches Café, leckerer Kaffee mit Zimtschnecken, vegetarisches Menü. Majorna • Mariagatan 16 • Straßenbahn: Mariagatan • www.cafe kardemumma.se • Mo–Do 10–20, Fr, Sa 10–19, So 11–19 Uhr

Café Kringlan ▶ S. 116, C 9

Urgemütlich • Mitten in Haga der ideale Ort für eine lange Kaffeepause. Die Brezel über der Tür weist den Eingang zum kleinen Café. Mit beliebtem Frühstücksbüfett. Haga • Haga Nygata 13 • Straßenbahn: Hagakyrkan • Tel. 13 09 08 • Mo–So 8–21 Uhr

Café Santo Domingo ▶ S. 112, B 4

Mit Musik • Die riesige Vinylplatte über dem Eingang zeigt: Neben Fair-Trade-Kaffee und Bio-Backwaren spielt hier im Plattenladen »Dirty Records« die Musik. Masthugget • Andra Långgatan 4 A • Straßenbahn: Järntorget • Mo–Do 9.30–18.30, Fr 9.30–20.30, Sa 10–16 Uhr

Da Matteo Caffe è Gelato
▶ S. 113, E 3

Koffein-Experte • Schwedens bester Kaffee soll bei Matteo serviert wer-

MERIAN-Tipp **3**

ROSENKAFÉET ▶ S. 113, F 2

Das Café im historischen Holzhaus mitten im Trädgårdsföreningens Park öffnet meist im Mai und schließt wieder im Oktober. Bei Sonne sitzt man herrlich draußen vor dem Rosarium und genießt Hausmannskost (mittags Tagesgerichte) und frischen Kuchen. Natürlich sollte man auch den Rosentee probieren. Inom Vallgraven • Slussgatan 1 • Straßenbahn: Kungsportsplatsen • www.rosenkafeet.se • Mai–Juni tgl. 11–18, Juli–Okt tgl. 11–19 Uhr

den: in italienischer Tradition, aus Fair-Trade-Bohnen. Gutes Eis!
Inom Vallgraven • Södra Larmgatan 14 • Straßenbahn: Grönsakstorget • Tel. 7 74 28 81 • www.damatteo.se • Mo–Fr 8–19, Sa 9–17, So 10–17 Uhr

Guldhedstornets Café

> S. 117, südl. F 12

Mit Aussicht • Auf dem alten Wasserturm residiert das Designer-Café schon seit 1953. Der Blick über den Schärengarten reicht bei klarem Wetter bis nach Marstrand.
Guldheden • Dr. Sven Johanssons backe 1 • Straßenbahn: Dr. Sydows Gata, Dr. Fries Torg • www.guldhedstornet. se • Mo–Fr 11–21, Sa 11–18, So 11–20 Uhr

WUSSTEN SIE, DASS...

... Kaffee 1685 erstmals ins Land kam? Zwei Jahre später standen die Bohnen als Medizin auf der Apotheken-Preisliste. Erst um das Jahr 1900 hatte sich das heutige Nationalgetränk durchgesetzt. Inzwischen trinkt jeder Schwede statistisch 1200 Tassen jährlich.

Junggrens Café

> S. 114, A 8

Der Klassiker • Schon seit 1895 ist das Café auf der Avenyn zu finden. Hier trafen sich immer die Berühmten der Stadt – jetzt sind sie auf Wandgemälden verewigt.
Lorensberg • Kungsportsavenyn 37 • Straßenbahn: Valand • Mo–Fr 8–22, Sa, So 9–22 Uhr

Kafé Zenit

> S. 116, westl. A 4

Apfelkuchen • Vor der Kulisse schiefer Hafenarbeiterhäuser liegt eines der beliebtesten Cafés der Stadt.

Majorna • Allmänna Vägen 11 • Straßenbahn: Stigbergstorget • Mo–Fr 9.30–20, Sa, So 9.30–19 Uhr

Lejonet & Björnen

> S. 115, F 5

Eis vom Feinsten • 30 verschiedene Eissorten zaubern diese Göteborger, von »Safran & Honig« bis »Chili & Schokolade«. In vielen Läden zu kaufen, doch am besten direkt im Café genießen.
Lunden • Danska Vägen 74 • Bus: Pärlstickaregatan • www.lejonetoch bjornen.se • Mo–So 10–20 Uhr

Språkcaféet

> S. 112, C 4

Nomen est omen • Im Sprachcafé am Esperantoplatsen trifft sich, wer polyglott parlieren will. Abends gibt es Plauderkreise in rund 15 Fremdsprachen, markiert durch Flaggen auf den Tischen.
Inom Vallgraven • Esperantoplatsen 9 • Straßenbahn: Järntorget, Fähre: Rosenlund • www.sprakcafeet. com • Mo–Do 8–20, Fr 8–17.30, Sa 10–17.30 Uhr

Steinbrenner & Nyberg

> S. 113, F 2

Luxuriös • Berühmt für seine Torten-Kreationen und viele andere leckere Backwaren.
Inom Vallgraven • Östra Larmgatan 6 • Straßenbahn: Brunnsparken • www. steinbrenner-nyberg.se • Mo–Do 7–20, Fr 7–18, Sa 9–17 Uhr

Two Little Birds

> S. 112, B 4

Stilvoll Secondhand • Retro-Atmosphäre mit 70er-Jahre-Tapeten und gemütlichen Möbeln. Mit Kunsthandwerk, Ausstellungen und Events.
Masthugget • Andra Långgatan 5 • Straßenbahn: Järntorget • www.two littlebirds.se • Di–Sa 10–18 Uhr

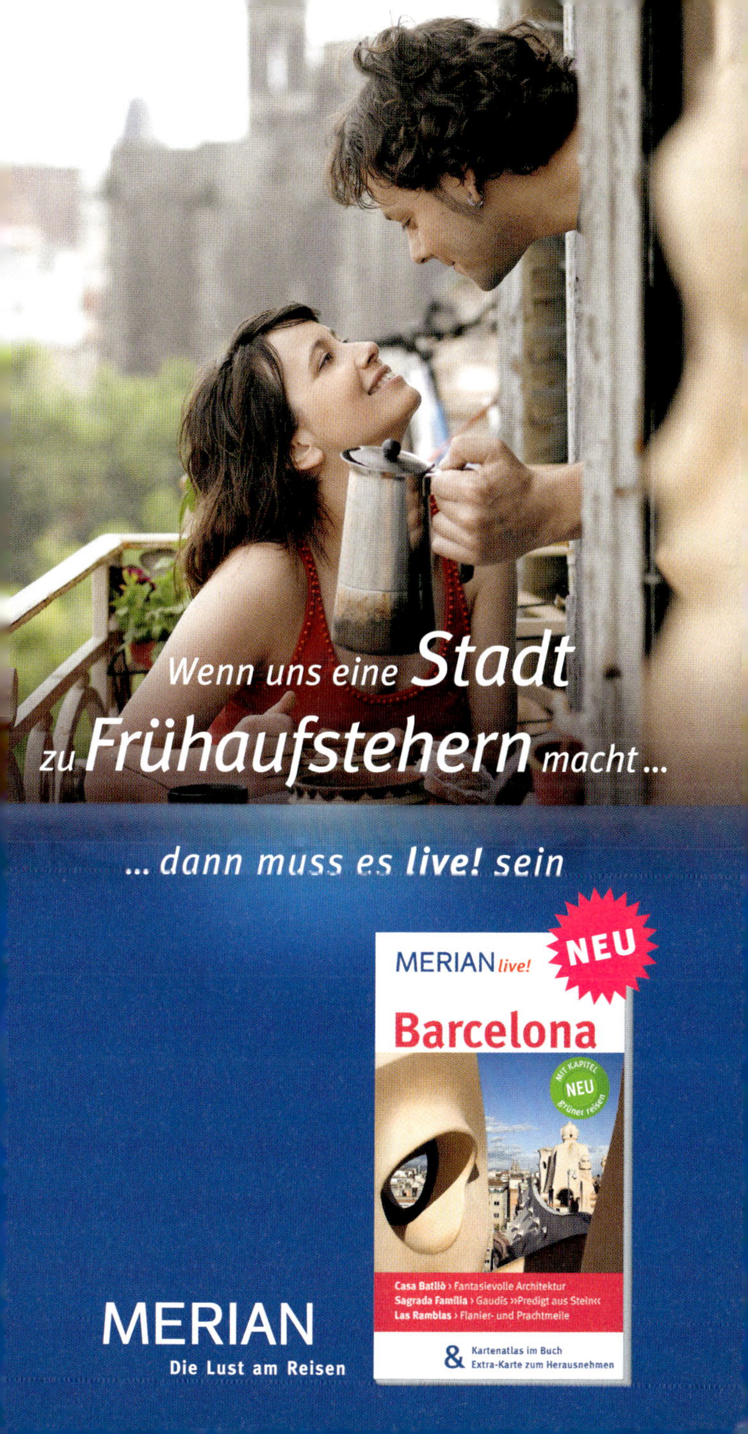

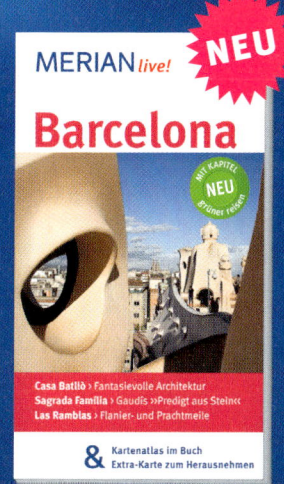

Wenn uns eine *Stadt* zu *Frühaufstehern* macht ...

... dann muss es **live!** sein

grüner
reisen

Wer zu Hause umweltbewusst lebt, möchte dies vielleicht auch im Urlaub tun. Mit unseren Empfehlungen im Kapitel grüner reisen wollen wir Ihnen helfen, Ihre »grünen« Ideale an Ihrem Urlaubsort zu verwirklichen und Menschen zu unterstützen, denen ein verantwortungsvoller Umgang mit der Natur am Herzen liegt.

Grünes Göteborg

Schweden ist in vielerlei Hinsicht ein grünes Land. Die Menschen lieben die weite Natur: kaum ein Schwede, der nicht irgendwann ins Fjäll wandert, auf einem der vielen Gewässer paddelt oder zum landestypischen Orientierungslauf in die Wälder geht. Das Bewusstsein für den Umweltschutz wächst. Vor allem in den größeren Städten entwickelt sich die Öko-Szene weg vom Jute-Image hin zu einem angesagten, jungen Lebensstil. Göteborg mischt dabei ganz vorne mit. Man bewegt sich umweltfreundlich mit der Straßenbahn oder auf einem gut ausgebauten Radwegenetz mit dem »Cykel«. Fast alle Supermärkte bieten ein breites Sortiment ökologisch zertifizierter Lebensmittel an, und viele Restaurants, Cafés und Boutiquen setzen auf umweltfreundliche Produkte. Vor allem lokal erzeugte, saisonale Lebensmittel erfreuen sich immer größerer Beliebtheit. Schwedens größtes Öko-Label ist »KRAV«. Lokal produzierte, westschwedische Lebensmittel und Spezialitäten sind am Zeichen »Västsvensk Mersmak« zu erkennen. Außerdem sind fair gehandelte Produkte stark im Kommen: Seit Mai 2011 ist Göteborg nämlich »Fairtrade City«.

ÜBERNACHTEN
Hotel Scandic Rubinen
▸ S. 114, A 8

Immer mehr schwedische Hotels achten auf Umweltschutz. Das Scandic Rubinen ist mit dem nordischen Umweltlabel »White Svan« und dem EU Öko-Label ausgezeichnet. Frühstück aus ökologischen Zutaten, Energiesparlampen, wenig Chemikalien und geringe CO_2-Emissionen. Kurios: Die Magnetstreifen-Karten für die Zimmer sind zu 80 Prozent aus Holz.

Lorensberg • Kungsportsavenyn 24 • Straßenbahn: Valand • www.scandic hotels.se/rubinen • 194 Zimmer • €€

ESSEN UND TRINKEN
Wasa Allé
▸ S. 113, E 4

Das Gourmet-Restaurant Wasa Allé setzt konsequent auf ökologisch, saisonal und regional erzeugte Lebensmittel. Mit Vorliebe für frischen Westküsten-Fisch ist das Überraschungs-Menü »Stolen«, wahlweise mit drei, fünf oder sieben Gängen, sehr beliebt (vorbestellen!). Das Restaurant hat eine ambitionierte Öko-Weinkarte und wird im schwedischen Gourmet-Führer »White Guide« 2011 empfohlen.

Vasastaden • Vasagatan 24 • Straßenbahn: Vasa Viktoriagatan • www. wasaalle.se • Mo–Fr 11.30–14 (Lunch), Di–Do 17.30–23, Fr–Sa 17.30–1 Uhr (Dinner) • €€€€

Gunnebo Kaffehus och Krog
▸ S. 119, südöstl. F 16

Schlemmen auf dem alten Landsitz: Die Bäckerei von Gunnebo Slott ist als eine der besten Schwedens ausgezeichnet, das Restaurant und Café setzt nur KRAV-zertifizierte ökologische Produkte ein – wo immer möglich aus dem direkt nebenan gelegenen Küchengarten.

Mölndal • Straßenbahn: 4, danach Bus 752 • www.gunneboslott.se • €€

Solrosen
▸ S. 112, C 4

Vegetarisches Restaurant mitten in Haga in einer Querstraße der Haga Nygata. Schmackhafte Gerichte, zum Teil aus Öko-Anbau. Die »Sonnenblume« bietet auch Tagesgerichte.

Haga • Kaponjärgatan 4A • Straßenbahn: Hagakyrkan • www.restaurang solrosen.se • Mo–Do 11.30–22.30, Fr 11.30–23.30, Sa 13–23.30, So 14–19.30 Uhr • €€

Andrum
▸ S. 113, E 2

Das vegetarische Restaurant und Café Andrum ist eine Göteborger Institution. Sein beliebtes Mittagsbüfett ist rein vegetarisch und enthält auch vegane und glutenfreie Gerichte. Empfehlenswert sind die leckeren vegetarischen Hamburger.

Inom Vallgraven • Östra Hamngatan 19 • Straßenbahn: Brunnsparken • Mo–Fr 11–21, Sa 12–20 Uhr • €

Café Hängmattan 🍴
▸ S. 112, südwestl. A 4

Das Café Hängematte bietet mittags ein beliebtes vegetarisches Luchbüfett, immer mit Falafel. Im Erdgeschoss im Haus der Musik, wo regelmäßig Rockkonzerte, Kleinkunst, Kindertheater oder Poetry Slams stattfinden. Fair-Trade-Kaffee und Tee.

Stigberget • Karl Johansgatan 16 • Straßenbahn: Stigbergstorget • www.musikenshus.se • So–Di 11.30–20, Mi, Do 11.30–22, Fr 11.30–15, Sa 11.30–17 Uhr • €

Hagabions Café och Restaurang
▸ S. 116, B 9

Sehr ambitioniertes vegetarisches Café und Restaurant mit Flohmarktchar-

me in einem mächtigen, roten Backsteingebäude. Wechselndes Lunchbüfett, Sandwiches und Suppen,
außerdem Kuchen, Kaffee und Kusmi-
Tee.
Olivedal • Linnégatan 21 • Straßenbahn: Prinsgatan • www.hagabion.
nu • Mo–Fr 17–22, Sa–So 13–
22 Uhr • €

EINKAUFEN

The Dem Collective ▶ S. 113, E 4

The Dem Collective legt Wert darauf,
die gesamte Produktionskette nach-
haltig, gerecht und transparent zu ge-
stalten: durch Green Cotton aus Indien
und Herstellung in eigener Fabrik in Sri
Lanka. Geschäftsführerin Annika
Axelsson überzeugt sich jedes Jahr vor
Ort von den Arbeitsbedingungen und
der Öko-Qualität.
Vasastaden • Storgatan 11 • Straßenbahn: Vasaplatsen • www.dem
collective.com • Do, Fr 10–18, Sa
10–16 Uhr

Eco&Fair ▶ S. 116, B 9

Ökologische, unter humanen Bedin-
gungen produzierte und langlebige
Mode und Schuhe für Babys, Kinder
und Erwachsene.
Olivedal • Landvägsgatan 38 • Straßenbahn: Prinsgatan • http://minni.
se • Mo–Fr 12–18, Sa 11–14 Uhr

noll. 3 ▶ S. 113, D 3

Klarer Stil, natürliche Farben: Camilla
Thulin ist in Schweden eine bekannte
Designerin. In ihrer Boutique bietet sie
ihre aktuelle Kollektion und »Conse-
quent«-Naturtextilien, die zu 98 Prozent in europäischen Werkstätten hergestellt werden.
Inom Vallgraven • Vallgatan 14 • Straßenbahn: Domkyrkan • www.noll3.
com • Mo–Fr 11–18, Sa 11–15 Uhr

Nudie Jeans ▶ S. 113, D 3

»Nudie« ist die Jeansmarke aus Göteborg und nicht nur in Schweden, sondern auch in anderen Ländern sehr angesagt. Das Trend-Label legt Wert auf
langlebige Qualität, hat eine eigene
Öko-Linie aus Organic Cotton und
bleicht mit Katoffelstärke. Es bietet fair
gehandelte Jeans an und unterstützt
Amnesty International.
Inom Vallgraven • Vallgatan 15 • Straßenbahn: Domkyrkan • www.nudie
jeans.com/Vallgatan • Mo–Fr 10–
18.30, Sa 10–17, So 12–16 Uhr

AKTIVITÄTEN

Änggårdsbergen Naturreservat
▶ S. 116, südl. A 12

Das Naturschutzgebiet Änggårdsber-
gen beginnt fast mitten in der Stadt,
gleich hinter »Slottskogen« und Bota-
nischem Garten. Vom Botanischen
Garten betritt man zuerst das Arboretum, die wissenschaftliche Baumsammlung mit rund 300 Arten. Äng-
gårdsbergens eiszeitliche Hügelland-
schaft ist ein beliebtes Ausflugsziel
von Wanderern und Joggern. Wunder-
baren Fernblick hat man vom 114 m
hohen Västerberget.
Änggården • Carl Skottbergs Gata •
Straßenbahn: Botaniska Trädgården,
Bus: Annedalskyrkan

City Bikes

Wie in vielen großen Städten, kann
man auch in Göteborg Fahrräder ausleihen, um umweltfreundlich mobil zu
sein. Die Göteborger City Bikes »Styr
&Ställ« haben 50 Stationen in rund
300 m Abstand über die ganze Stadt
verteilt. Und es werden immer mehr.
Jeder ab 15 Jahren kann ein Fahrrad in
Selbstbedienung leihen. Dafür
braucht man einen Pass, der direkt an
den Terminals mit Kreditkarte bezahlt

Das Restaurant Solrosen (▸ S. 27) im Stadtteil Haga erfreut nicht nur Vegetarier mit einer großen Auswahl an einfallsreichen, auch glutenfreien Gerichten.

wird. Für das Season-Ticket muss man sich auf der Website registrieren und erhält eine PIN, mit der man die elektronisch gesicherten Fahrräder entsichern kann. Die erste halbe Stunde ist immer kostenlos, danach fallen Gebühren an.

www.styrochställ.se • 3-Tages-Pass 10 SEK, Gebühren: bis 40 SEK/halbe Stunde

Delsjöåmrade

▸ S. 119, südöstl. F 16

Der beiden Seen Lilla und Stora Delsjö bilden mit ihrem abwechslungsreichen Umland, dem unter Naturschutz stehenden Delsjöåmrade, ein beliebtes Naherholungsgebiet der Göteborger. Zwischen insgesamt 13 kleinen und größeren Seen lockt Wander-Infrastruktur mit Windschutz, Grills und Tischen. Man kann Kanu fahren, angeln, auf extra gekennzeichneten Wegen joggen und schwimmen. Outdoorfreunde genießen die abwechslungsreiche Flora und Fauna von Feuchtbiotop bis Berglandschaft, Ornithologen beobachten im Frühling und Herbst rastende Zugvögel.

Straßenbahn: Welandergatan

Küsten-Paddeltour

▸ S. 112, südwestl. A 4

In der Nähe des Fähranlegers Saltholmen vermietet Långedrags Kanuvermietung Kajaks. Auf eigene Faust an Göteborgs Küste entlangzupaddeln, wenn die Sonne scheint, ist umweltfreundliche Entspannung pur.

Långedrag • Tandkullegatan, Västra Frölunda • Straßenbahn: Hinsholmen • www.langedragskajakuthyr ning.n.nu • Einer-Kajak ab 350 SEK pro Tag

Einkaufen Göteborg verführt zum Shoppen: Jede Menge frische lokale Labels präsentieren skandinavisches Design in kleinen Läden, überdachten Passagen und gut sortierten Kaufhäusern.

◄ Richtig gemütlich ist es in der Victoria-passage (▶ MERIAN-Tipp, S. 34).

Shoppen in Göteborg ist abwechslungsreich und vergnüglich. Fußgängerzonen, Kaufhäuser, das gigantische Einkaufszentrum Nordstan, noble Kaufhäuser wie die Nordiska Kompaniet, die prächtige Avenyn sowie alternative Viertel bieten etwas für jeden Geschmack und Geldbeutel. Die innovative junge Modemetropole bringt stetig neue Designer hervor, nicht zuletzt durch die Designausbildungen an Valand, HDK und dem Designgymnasium. So findet man in der Stadt jede Menge junge Mode und Kunsthandwerk. In der Innenstadt innerhalb des Wallgrabens reiht sich in der angesagten Magasinsgatan und den angrenzenden Straßen wie der Kungsgatan Geschäft an Geschäft. Das sieben Tage in der Woche geöffnete Einkaufszentrum Nordstan erstreckt sich vom Brunnsparken bis hinunter zum Fluss, auf der Kungsportsavenyn findet man vor allem exklusive Labels wie J. Lindberg, Björn Borg und Filippa K sowie Spezialgeschäfte, etwa für Golfausrüstung. Ganz anders das Flair in der Haga Nygata: Gemütlich lässt es sich hier durch das Arbeiterviertel-Flair des 17. Jh. schlendern. In bunten Holzhäuschen bieten kleine Lädchen Handarbeiten, Antikes oder Delikatessen, und an jeder Ecke lockt ein Café mit frischem Hefekuchen. Alternative Geschäfte gibt es in der Andra Långgatan, wo sich Secondhandläden, Vintage und Künstlercafés mit Kneipen und Sexshops mischen. Die meisten Geschäfte sind unter der Woche bis 18 bzw. 19 Uhr geöffnet, am Samstag bis 16 Uhr, viele sogar am Sonntag.

ANTIKES UND FLOHMÄRKTE

Antikhallarna   ▶ S. 113, D 3

Skandinaviens größter dauerhafter Antik- und Sammlermarkt – 30 Geschäfte auf zwei Etagen in einem prachtvollen ehemaligen Bankgebäude aus dem späten 19. Jh.
Inom Vallgraven • Västra Hamngatan 6 • Straßenbahn: Domkyrkan • Mo–Fr 10–18, Sa 11–14 Uhr (Juni, Juli Sa geschl.)

Kvibergsmarknad
▶ S. 115, nordöstl. F 5

In der früheren Kaserne wechselt am Wochenende Antikes und Schräges seinen Besitzer.
Kviberg • Stallarna Kvibergs Regimente • Straßenbahn: Kviberg, Bus 21, 58: Brovägen • www.kvibergs marknad.se • Sa, So 10–15 Uhr

BÜCHER

Bokia   ▶ S. 113, F 4

Schwedische Buchhandelskette mit großer Auswahl. Ende Februar »Bok-Rea«, großer Schlussverkauf mit Schnäppchen-Garantie.
Lorensberg • Kungsportsavenyn 21 • Straßenbahn: Valand • www.bokia.se

The Book Corner   ▶ S. 112, C 4

Buchhandlung direkt neben der »Feskekörka«, mit pädagogischem Schwerpunkt und großer Auswahl fremdsprachiger Bücher.
Inom Vallgraven • Rosenlundsgatan 3 • Straßenbahn: Järntorget • www.utbildningsstaden.se

DELIKATESSEN

Indiska Thé & Kaffemagasinet
▶ S. 113, E 3

Kaffee und Tee aus aller Welt von erlesener Qualität in Göteborgs ältestem Kaffeegeschäft.

Inom Vallgraven • Korsgatan 11 • Straßenbahn: Kungsportsplasten • www.theochkaffemagasinet.se

Stora Saluhallen
▶ MERIAN-Tipp, S. 64

DESIGN

Balders Hage   ▶ S. 113, E 2

Für Fans von skandinavischem Design und Wohnaccessoires ein Muss – Textilien, Keramik, Küchenutensilien und vieles mehr.
Inom Vallgraven • Södra Hamngatan 25 • Straßenbahn: Brunnsparken • www.baldershage.se

Designtorget   ▶ S. 113, D 3

Der Renner in Schweden: Zeitlich begrenzt bieten Designer ihre Produkte an – vom Badezimmerregal bis zur Kaffeekanne. Jede Woche entscheidet eine Jury, was neu aufgenommen wird.

Inom Vallgraven • Vallgatan 14 • Straßenbahn: Domkyrkan • www.designtorget.se

Sintra   ▶ S. 112, B 4

Galerie mit Kunsthandwerk aus Göteborg und ganz Schweden.
Haga • Landsvägsgatan 5 • Straßenbahn: Prinsgatan • www.sintra.o.se

EINKAUFSZENTREN

Nordstan   ▶ S. 113, E 2

Größtes Einkaufszentrum mit rund 200 Läden und Restaurants und einer Tourist-Information.
Inom Vallgraven • Nordstadstorget • Straßenbahn: Brunnsparken • www.nordstan.se • Mo–Fr 10–20, Sa 10–18, So 12–17 Uhr

FISCH

Feskekörka 🟥**1**   ▶ S. 112, C 4

Tagesfrische Meeresdelikatessen in der kirchenähnlichen Fischhalle, ei-

Bei Emma och Malena (▶ S. 34) wird man durch deren eigene Modelinie im klassischen blau-weißen Marinestil daran erinnert, dass das Meer nicht weit ist.

nem der Wahrzeichen Göteborgs. Stadtbekannt: Restaurant Gabriel im ersten Stock mit Meeresfrüchte-Büfett und großartigem Gravad Lax.
Inom Vallgraven • Rosenlundsgatan • Straßenbahn: Järntorget • www. feskekörka.se

GESCHENKE

Haga Interieur ▸ S. 117, D 9

Ausgefallene Stoffe, Mumin-Tassen und hübsche Kleinigkeiten von Marimekko, Bengt&Lotta und Arabia. Lieblingsstück: die kleinen Filztaschen von Klippan.
Haga • Haga Nygata 33 A • Straßenbahn: Hagakyrkan

Indiska ▸ S. 113, E 3

Günstige Mode, Einrichtung und Accessoires mit indischem Touch, von bunt gemusterten Kleidern bis zu handbemaltem Porzellan im Kolonial-Stil.
Inom Vallgraven • Kungsgatan 37 • Straßenbahn: Domkyrkan • www. indiska.com

KAUFHÄUSER

Arkaden ▸ S. 113, E 2

Knapp 30 »Fußgängerzonen«-Läden kompakt auf drei Etagen – von Benetton über MQ bis Zara.
Inom Vallgraven • Fredsgatan 1 • Straßenbahn: Brunnsparken • www. arkaden.nu • Mo–Fr 10–19, Sa 10–17, So 12–16 Uhr

Kompassen ▸ S. 113, E 2

20 Geschäfte mit junger Mode unter einem Dach: trendige Kleidung, Schuhe und Accessoires.
Incom Vallgraven • Fredsgatan • Straßenbahn: Brunnsparken • www. kompassen.se • Mo–Fr 10–19, Sa 10–17, So 12–16 Uhr

NK Nordiska Kompaniet
▸ S. 113, E 2/3

Traditionsreiches, exklusives Kaufhaus (das größte Göteborgs) mit führenden skandinavischen Top-Marken und internationalen Labels. Nicht ganz billig.
Inom Vallgraven • Östra Hamngatan 42 • Straßenbahn: Brunnsparken • www.nk.se • Mo–Fr 10–19, Sa 10–17, So 12–16 Uhr

KINDERKLEIDUNG

Polarn O. Pyret ▸ S. 113, D 3

Bequeme und praktische Kinderkleidung aus Naturmaterialien.
Inom Vallgraven • Vallgatan 13 • Straßenbahn: Domkyrkan • www.polarn opyret.se

Villervalla ▸ S. 116, C 9

Kindermode wie von Pippi Langstrumpf entworfen: bunt, fröhlich und total gemütlich. Kreise, Streifen und regenbogenbunte Uni-Stoffe aus Baumwolle und Nicki-Velours machen gute Laune.
Haga • Haga Nygata 22 • Straßenbahn: Järntorget • www.villervalla.se

KUNSTHANDWERK

Lerverk ▸ S. 113, D/E 3

Zeitgenössisches Kunsthandwerk aus Süd- und Mittelschweden – Keramik, Glaskunst, Schmuck.
Inom Vallgraven • Lilla Kyrkogatan 1 • Straßenbahn: Domkyrkan • www. lerverk.se

MÖBEL UND EINRICHTUNG

Svenssons i Lammhult
▸ S. 112, B 4

Die besten skandinavischen und internationalen Designermöbel, die Form und Funktion vereinen, vom Beistelltisch bis zur Sofaecke.

Haga • Järntorget 2 • Straßenbahn: Järntorget • www.svenssons.se

Vilda Änglar ▶ S. 113, E 3

Romantische Einrichtungsstücke und Dekoration. Üppig, viele Engel, französisches und dänisches Design. Inom Vallgraven • Kungspassagen, Kungsgatan 48 • Straßenbahn: Kungsportsplatsen • www.vilda anglar.se

MODE

Acne ▶ S. 113, D 3

Schwedisches Label mit typisch nordischem Stil – clean und geradlinig. Ein exklusiver Trendsetter in Jeans, Oberbekleidung und Accessoires. Inom Vallgraven • Magasinsgatan 19 • Straßenbahn: Domkyrkan • www. acnestudios.com

Designers Remix Collection ▶ S. 113, F 4

Mode der dänischen Designerin Charlotte Eskildsen: sexy Minimalis-

---

MERIAN-Tipp **4**

VICTORIAPASSAGEN ▶ S. 113, D/E 3

Kleine Passage in zentraler Lage zwischen Södra Larmgatan und Vallgatan. Hier gibt es unter anderem schwedische Mode von Filippa K, Einrichtungsdesign bei »Granit«, das nette kleine Papiergeschäft »Rum för Papper« (Tipp: original Origami-Papier) und das beliebte »Café da Mateo«. Schön zum Bummeln nicht nur bei Regentagen.
Inom Vallgraven • Straßenbahn: Grönsakstorget

---

mus, Eleganz und asymmetrische Schnitte für echte Lieblingsstücke. Lorensberg • Kristinelundsgatan 5 • Straßenbahn: Valand • www. designersremix.com

Emma och Malena ▶ S. 113, D 3

Laden mit 20er-Jahre-Flair mit eigener maritimer Modelinie und anderen skandinavischen Designern. Inom Vallgraven • Vallgatan 4 • Straßenbahn: Domkyrkan • www.emma malena.com

Filippa K ▶ S. 113, E 3

Erfolgreich seit Anfang der 90er-Jahre: die Modelinie von Filippa Knutsson. Funktional, hochwertig verarbeitet und typisch schwedisch: schlicht und zurückhaltend. Inom Vallgraven • Södra Larmgatan 12 • Straßenbahn: Grönsakstorget • www.filippa-k.se

Velour ▶ S. 113, D 3

Sehr stylishes junges Label aus Göteborg um Designer Per Andersson. Klare Linien, freundliche Farben. Inom Vallgraven • Magasinsgatan 19 • Straßenbahn: Domkyrkan • www. velour.se

MUSIK

Andra Långgatans Skivhandel ▶ S. 116, A 9

Göteborgs größter Secondhandladen für Musik und Filme – auch Raritäten in Vinyl, CDs und DVDs. Olivedal • Andra Långgaten 33 • Straßenbahn: Masthuggstorget • www.andralang.se

Bengans Skivbutik ▶ S. 112, westl. A 4

Bestsortierter Plattenladen der Stadt, CD, DVD, Vinyl. Rubriken wie

Alternative, Punk, Westküstenrock. Nettes Café.

Stigberget • Stigbergstorget 1 • Straßenbahn: Stigbergstorget • www. bengans.se

OUTDOOR

Fjällsport ▶ S. 113, D 3

Sehr gut sortierter Laden für Outdooraktivitäten und Klettern. Prima Service und Beratung, eher hochpreisig.

Inom Vallgraven • Magasinsgatan 7 • Straßenbahn: Domkyrkan • www.fjall sport.se

SCHMUCK

Medero ▶ S. 113, E 3

Außergewöhnlicher, opulenter Designer-Modeschmuck. Farbenfroh aus Keramik, Halbedelsteinen und Acryl, ganz individuell und handgemacht.

Inom Vallgraven • Victoriapassage, Vallgatan • Straßenbahn: Grönsakstorget • www.medero.se

SCHOKOLADE UND PRALINEN

Bräutigams Glass ▶ S. 117, D 9

Kleiner Laden mit selbst gemachtem Eis, Marzipan mit Irish Coffee- oder Rumrosinen-Aroma und frischen Sahnetrüffeln. Lokal produziert, leckeres Eis (22 SEK/Kugel).

Haga • Haga Nygata 13 • Straßenbahn: Järntorget • www.brautigams. se

Flickorna Kanold ▶ S. 113, D 3

Schokolade und Pralinen aus der Produktion einer ehemaligen deutschen Einwandererfamilie. Earl-Grey- und Zimttrüffel probieren.

Inom Vallgraven • Södra Larmgatan 14 • Straßenbahn: Grönsakstorget • www.flickornakanold.com

MERIAN-Tipp **5**

HAGA TRÄTOFFELFABRIK & LÄDERAFFÄR ▶ S. 116, C 9

Typisch schwedisch – und bequemer, als sie aussehen: die guten alten Holzclogs. Hier im Traditionsgeschäft Haga kann man sich mit den echten »Haga-Toffeln« und weiteren Produkten aus Elch- und Rentierleder in den Größen 25 bis 47 eindecken. Auch Handschuhe, Accessoires, Taschen und Rucksäcke im Angebot.

Haga • Haga Nygata 19 • Straßenbahn: Hagakyrkan • www. hagatratoffelfabrik.se

SCHUHE

Ask ▶ S. 113, E 3

Schuhe und Taschen aus eigener Produktion in kleinen italienischen Fabriken. Gute Passform, hohe Qualität. Bonbonbunte Ballerinas.

Inom Vallgraven • Vallgatan 27 • Straßenbahn: Kungsportsplatsen • www.ask.se

Nilson Shoes ▶ S. 113, F 4

Trend-Schuhe im Schuh-Bermuda-Dreieck der Avenyn: Direkt nebenan liegen noch »Din Sko« und »ecco«, gegenüber »Rizzo«.

Lorensberg • Kungsportsavenyn 16 • Straßenbahn: Valand

VINTAGE

Evergreen Secondhand
▶ S. 115, nördl. F 5

Topaktuelles aus der letzten Saison und 70er-Jahre-Vintage.

Olskroken • Ånäsvägen 6A • Straßenbahn: Redbergsplatsen • www.ever green-secondhand.se

Am Abend Göteborgs Nachtleben ist legendär: Schicke Clubs befinden sich auf der Avenyn, erstklassige Restaurants liegen an der Linnégatan, und Szene-Kneipen finden sich rund um Järntorget und Andra Långgatan.

◄ In der Kneipe und Bar Mitt andra hem spielt die Musik (► S. 37)!

Göteborg ist Schwedens Stadt des Nachtlebens. Nirgendwo sonst im Königreich liegen die Bars, Clubs und Kneipen so dicht wie rund um die Avenyn. Wer sich schon um 21 Uhr in die Kneipen begibt, könnte allerdings enttäuscht werden: Das Nachtleben beginnt in Göteborg sehr spät, oft erst nach Mitternacht. Da Alkohol in Skandinavien im Ausschank teuer ist, trinken sich viele Nachtschwärmer schon zu Hause in Stimmung. Sehr angesagt sind auch After-Work-Partys, für die viele Pubs vor allem freitagnachmittags spezielle Angebote haben, zum Beispiel ein kostenloses Themen-Büfett zum Getränk. Am allerliebsten feiern die Göteborger draußen – besonders in lauen Sommernächten, wenn es nie ganz dunkel wird.

In den Discos und Clubs ist die Musikvielfalt groß, doch Songs von »Ace of Base« und »Soundtrack of Our Lives« hört man ständig – beide Bands kommen aus Göteborg. Zudem gilt die Stadt als Keimzelle für die weltweit bekannte Stilrichtung »Death Metal«. Zu den bekanntesten Vertretern dieses Hardrock-Genres zählen Bands wie »In Flames«. Fast jeden Abend tritt auf einer der zahllosen Bühnen eine Liveband auf, etwa im alternativen Kulturzentrum »Röda Sten« in Klippan unter der Älvsborgsbron. Doch egal ob Schlager, Heavy Metal oder Pop – auf eines sollten sich Göteborg-Besucher gefasst machen: Der 18. Geburtstag gilt oft nur theoretisch als Mindestalter – viele Bars und Clubs lassen erst 21-Jährige hinein. In manchen muss man gar 25 sein.

BARS

Heaven 23 ► S. 118, C 13

Aus der Sky Bar in der 23. Etage des Gothia Towers Hotel (► S. 14) hat man einen fantastischen Blick über die ganze Stadt. Spezialität des Hauses: riesige Krabbensandwiches.
Heden • Mässans Gata 24 • Straßenbahn: Korsvägen, Liseberg • http://heaven23.se • So–Do 11.30–24, Fr, Sa 12–2 Uhr

Icebar in Liseberg ► S. 118, C 13

Mütze nicht vergessen! In der Icebar ist alles aus Eis: die Theke, die Gläser und sogar Tische und Stühle. Wer die Bar zusammen mit einem Restaurantbesuch im Hamnkrogen bucht, erhält den Eintritt samt Drink für 99 SEK (sonst 135 SEK). Nur für angemeldete Gruppen.
Heden • Örgrytevägen 5 • Straßenbahn: Korsvägen, Liseberg • Tel. 40 02 00 • www.liseberg.se

Mitt andra hem ► S. 112, A 4

Unkonventionelle Bar, die ihren Namen »Mein zweites Zuhause« wörtlich nimmt – sehr freundliche Wohlfühl-Atmosphäre. Interessante Künstler, Musiker und Komiker.
Olivedal • Andra Långgatan 31 • Straßenbahn: Masthuggstorget • www.mittandrahem.com

CASINO

Casino Cosmopol ► S. 112, C 2

Direkt neben Göteborgs Oper liegt das Casino am Fluss. Im Jahre 2002 eingeweiht, strahlt es moderne Eleganz aus. Viele Pokerturniere, 29 Spieltische, 275 Automaten und Bühnenshows. Wundervoller Blick vom Trend-Restaurant Zest über den nächtlichen Hafen. Dresscode, Ausweispflicht, Mindestalter 20 Jahre.

Inom Vallgraven • Packhusplatsen 7 •
Straßenbahn: Domkyrkan • www.
casinocosmopol.se • Mo–So 13–
5 Uhr • Eintritt 30 SEK

CLUBS

Das Club-Angebot in Göteborg ist
groß und variantenreich. Wie auch
in vielen Discos müssen die Gäste
meist 21, an manchen Abenden sogar 25 Jahre alt sein. Das Publikum
ist meist recht stylish gekleidet.

Gretas Nattklubb & Restaurang
▶ S. 113, E 3

Berühmtester und ältester Gayclub.
Drag-Shows und Themenpartys,
zwei Tanzflächen. Im Erdgeschoss
Pop-Musik aus den 70ern mit Aus-
flüge in die 80er und 90er. Mindest-
alter: 20 Jahre. Von 21–22 Uhr Ein-
tritt frei.
Inom Vallgraven • Drottninggatan 35 •
Straßenbahn: Kungsportsplatsen,
Brunnsparken • www.gretas.nu

Parken
▶ S. 113, F 3

Gehört mit wechselnden DJs zu den
heißesten Nachtclubs der Stadt. Die
Schweden treffen sich hier zu After-
Work-Partys. Gut gefüllt, zwei Tanzflächen, viele Livekonzerte.
Lorensberg • Vasagatan 43 • Straßenbahn: Valand • www.parken.se

Park Lane
▶ S. 114, A 8

Dieser Nachtklub ist das Herz der
Avenyn: Hier trifft man Stars auf den
After-Show-Partys nach großen Kon-
zerten. Unter den Glitzerkugeln feier-
ten schon Mick Jagger und Robbie
Williams. Letzter Freitag im Monat:
Gay-Day. Gemischtes Publikum.
Mindestalter 22, samstags 25 Jahre.
Lorensberg • Kungsportavenyn 38 •
Straßenbahn: Valand • www.park
lane.se

Peacock Dinner Club   ▶ S. 113, F 4

Außergewöhnliche Innenarchitek-
tur. Die angesagte Bar mit ihren

Pustervik heißt die Szenebar (▶ S. 40) mit Konzert- und Tanzdarbietungen, Bar und
einem Café mit Kleinigkeiten wie Suppe auch für den sehr späten Hunger.

durchlöcherten Lichtwänden und den hufeisenförmigen Bänken hat mehrere Designpreise gewonnen. Hier schillert das Licht wie auf Pfauenfedern. Wenn andere Clubs schon fast wieder schließen, geht es im Peacocks erst los. Gehobenes Publikum, asiatische Küche. Mindestalter 23 Jahre.

Lorensberg • Kungsportsavenyn 21 • Straßenbahn: Valand • www.peacock dinnerclub.com

Styrbord Babord ▸ S. 113, E 3

Einer von Göteborgs außergewöhnlichsten Clubs ankert direkt vor der »Kungsportsbron« auf dem Wallgraben. Bevor das Nachtleben auf dem Schiff losgeht, kann man oben auf dem Deck essen.

Inom Vallgraven • Kungsportsbron • Straßenbahn: Kungsportsplatsen • www.styrbordbabord.se

DISKOTHEKEN

Nivå ▸ S. 113, F 4

Disco mit Dresscode – vor allem mittwochs gilt es, sich fein zu machen, denn dann wird Soul gespielt, und das Mindestalter ist auf 20 Jahre (sonst: 25) herabgesetzt. Freitags bis 1 Uhr Happy Hour.

Vasastaden • Kungsportsavenyn 9 • Straßenbahn: Valand • www. restaurangniva.com

Trädgår'n ▸ S. 113, F 3

Synthiepop und Elektromusik in der größten Disco der Stadt. Beeindruckende Lasershows, riesiges Außengelände mit Bars und Platz für 1000 Besucher. Hier feiert Göteborg sich und seine Filmfestivals, Theaterpemieren und Konzerte.

Heden • Nya Allén 11 • Straßenbahn: Kungsportsplasten • www.tradgarn.se

MERIAN-Tipp 6

DRAKEN ♟♟ ▸ S. 112, B 4

50er-Jahre-Feeling pur: Das stilvolle Kino beeindruckte schon Regisseur Wim Wenders. Im großen Eingangssaal stehen noch die Originalsessel von 1956. Die 100-Quadratmeter-Leinwand gehört zu Europas größten überhaupt. Das «Draken» ist das Herz des Internationalen Filmfestivals in Göteborg, das in jedem Jahr im Januar die Stadt zehn Tage lang in Atem hält. Den Rest des Jahres ist es zeitweise geschlossen.

Haga • Folkets Hus, Olof Palmes Plats • Straßenbahn: Järntorget • www.bioprogrammet.nu

Valand ▸ S. 113, F 4

Dieser Tanzklub ist eine Institution im Göteborger Nachtleben: Mit Platz für bis zu 600 Gäste, Nachtklub mit vier Bars, einer Rock-Bar, Casino, zwei Dancefloors und Restaurant. Mindestalter: 25 Jahre.

Vasastaden • Vasagatan 41 • Straßenbahn: Valand • www.valand.nu

KINO

In Schwedens Kinos laufen fast alle Filme in Originalfassung mit schwedischen Untertiteln – eine super Chance für Besucher, Filme mal unsynchronisiert zu sehen.

Bio Roy ▸ S. 118, A 13

Programmkino mitten auf der Avenyn. Im Bio Roy stehen besondere Filme auf dem Programm, manchmal auch Liveübertragungen aus der New Yorker Metropolitan Opera oder andere Konzerte.

Lorensberg • Kungsportsavenyn 45 • Straßenbahn: Valand • www.bioroy.se

Capitol ▸ S. 116, C 9

Das alte Kino zeigt Filme in Zusammenarbeit mit dem schwedischen Filminstitut. Mit etwas Glück stehen englischsprachige oder sogar deutsche Produktionen auf dem Programm.
Haga • Skanstorget 1 • Straßenbahn: Handelshögskolan

KNEIPEN

Bliss Resto ▸ S. 113, D 3

Das Bliss Resto erinnert in seiner Ausstattung an einen James-Bond-Film im 70er-Jahre-Styl. Schickes Publikum. Tipp: mittags für rund 10 € lunchen. Teils auch Mo zu Themenabenden geöffnet.
Inom Vallgatan • Magasinsgatan 3 • Straßenbahn: Domkyrkan • www. blissresto.com • Lunch Mo–Fr 11–15, Dinner Mo–Sa ab 18, Club Mi, Fr, Sa 22.30–2 Uhr

Kings Head ▸ S. 112, A 4

Zwischen Porno-Läden und Kneipen liegt der Hotspot für After-Work-Partys. Die Feierabendfete steigt hier wochentags von 17 bis 19 Uhr, dann gibt es kostenloses Buffet zum Bier. Vegetarische Gerichte, freundliches Personal, studentisches Publikum.
Olivedal • Andra Långgatan 32 • Straßenbahn: Masthuggstorget

Ölhallen 7:an ▸ S. 113, E 3

Stilvoll ein helles Pils trinken – dafür gehen die Göteborger in ihre historische Bierhalle. Seit der Eröffnung im Jahr 1900 scheint sich hier nichts verändert zu haben: französisches Flair mit Marmortischen und Bistrostühlen, rot-weiß gekacheltem Fußboden und dunkler Holzvertäfelung. Dutzende Biersorten.
Inom Vallgraven • Kungstorget 7 • Straßenbahn: Kungsportsplatsen • Mo–Do 10–24, Fr,Sa 11–1, So 11–17 Uhr

Pustervik ▸ S. 112, C 4

Das Pustervik gilt als die Szenebar Göteborgs. Rockige Atmosphäre, mehrere Livekonzerte pro Woche, von Rock und Soul bis zu Hip-Hop und Indie. Auch Theaterbühne und Künstlercafé. Oben finden die Konzerte und Aufführungen statt, unten ruhigere Bar, junges Publikum.
Haga • Järntorgsgatan 12 • Straßenbahn: Järntorget • www.pustervik. goteborg.se • Mo–Fr 11–1, Sa 12–3 Uhr

WUSSTEN SIE, DASS...

… der Järntorget im Arbeiterviertel Haga wegen seiner vielen Kneipen früher »Bierhalleplatsen« hieß?

The Rose & Crown ▸ S. 113, F 4

Sportsbar im amerikanischen Stil, unbedingt die Fish'n'Chips probieren! Großleinwand für Fußball-Liveübertragungen, donnerstags Karaoke-Singen, freitags ab 15 Uhr After-Work-Party. Große Sommerterrasse.
Vasastaden • Kungsportavenyn 6 • Straßenbahn: Valand • www.rose crown.com • Mo–Do ab 16 (im Sommer ab 15), Fr ab 15, Sa ab 12, So ab 14 Uhr

KONZERTE UND VERANSTALTUNGEN

Artisten ▸ S. 118, B 13

Die Hochschule für Bühne und Musik »Artisten« hat ein weites Ausbildungsspektrum von Oper und Thea-

Im Bliss Resto (▶ S. 40) werden Eis und Brot selbst gemacht, hier treffen sich Nacht-schwärmer auch noch spät auf einen Öko-Wein oder Cocktail.

ter über Weltmusik und Jazz. Jährlich mehr als 200 öffentliche Konzerte mit Schülern, Lehrern und Gastdo-zenten. Vielleicht hört man hier ei-nen neuen Star der Zukunft?
Lorensberg • Fågelsången 1 • Straßen-bahn: Korsvägen • www.hsm.gu.se

Belsepub ▶ S. 112, westl. A 4

Dieser Club nennt sich selbst Göte-borgs »Metal Hell«. Im Belsepub Henriksberg treffen sich Göteborgs Heavy- und Death-Metal-Fans. Live-konzerte, Hard-Rock-Publikum.

Stigberet • Stigbergsliden 7 • Stra-ßenbahn: Stigbergstorget

Cabaret Lorensberg ▶ S. 114, A 8

Am oberen Ende der Avenyn heißt es eintauchen in die farbenfrohe Welt des Varietés: magische Shows, Tanz-darbietungen, Zauberkünstler und artistische Glanzleistungen mit Din-ner.
Lorensberg • Kungsportsavenyn 36–38 • Straßenbahn: Valand • www.lorensberg.com • Tickets inkl. Menü Do–Sa 765 SEK, So–Mi 695 SEK

Göteborgs Konserthuset

▶ S. 118, A 13

Haus der Göteborger Symphoniker: Das Nationalorchester ist spezialisiert auf nordische Komponisten, etwa Grieg. Etwas angestaubte 30er-Jahre-Architektur von außen, innen akustischer Genuss für Klassikfreunde. Lorensberg • Götaplatsen • Straßenbahn: Valand, Bus: Götaplatsen • Tel. 7 26 53 10 (Kartenkasse) • www.gso.se

Jazzå

▶ S. 112, B 4

Bei den Jazz- und Blues-Konzerten in der Mini-Jazzbar wippt das ganze Publikum mit. Hier entstehen schnell neue Kontakte. Klassischer schwarz-weißer Fußboden und Fotos von Musikstars an den Wänden. Olivedal • Andra Långgatan 4b • Straßenbahn: Järntorget • http://jazza.nu

Musikens Hus

▶ S. 112, südwestl. A 4

In dem unabhängigen Haus der Musik finden Konzerte, Theateraufführungen, Poetry Slams und Tanzdarbietungen statt. Entspannen und schlemmen kann man im Café Hängmattan im Erdgeschoss des mächtigen roten Backsteingebäudes. Stigberget • Karl Johansgatan 16 • Straßenbahn: Stigbergstorget • www.musikenshus.se

Nefertiti

▶ S. 113, D 4

Für Jazzliebhaber die Adresse schlechthin: Göteborgs bekanntester Jazzclub gilt als Top-Konzertbühne in ganz Skandinavien. Mindestens zwei Konzerte pro Woche. Gemischtes Publikum, manchmal lange Schlangen am Eingang. Inom Vallgraven • Hvitfeldtsplatsen 6 • Straßenbahn: Grönsakstorget • www.nefertiti.se

Röda Sten

▶ MERIAN-Tipp, S. 78

Sticky Fingers

▶ S. 113, D 3

Mit vier Etagen ist das Sticky Fingers der größte Rockclub der Stadt. Zwei Bühnen und eine Rockbar liegen in der unteren Etage, ganz oben läuft Rhythm and Blues. Happy Hour donnerstags von 20–22, freitags von 21–23 und samstags von 21–23 Uhr. Mittwochs Bier, Wein und Cidre für 29 SEK. Vor 22 Uhr Eintritt und Bier günstiger. Inom Vallgraven • Kaserntorget 7 • Straßenbahn: Grönsakstorget • www.stickyfingers.nu

OPER UND THEATER

Theaterfreunde kommen in Göteborg voll auf ihre Kosten. Auf einer der Bühnen dies- und jenseits des »Göta Älv« läuft immer ein Stück – manchmal sogar auf Englisch.

Aftonstjärnan

▶ S. 112, westl. A 2

Das Theater am Nordufer des Flusses ist Veranstaltungszentrum, Theater und Kino gleichzeitig. Matineen, Revuen und Comedy stehen auf dem Programm. Hübsche 1920er-Jahre-Architektur, kleines Café mit leckeren Sandwiches. Bämaregården (Sannegården) • Plåtslagaregatan 2 • Fähre: Älvsnabben bis Lindholmspiren • Tel. 22 45 99 • www.aftonstjarnan.se

Göteborgs Operan

▶ S. 113, D 1

Eines der modernsten Opernhäuser der Welt mit Tanztheater, Ballett, Musical und natürlich klassischen Opern. Drei Bühnen, imposante moderne Architektur direkt am Wasser, schöner Panoramablick vom Restaurant.

Inom Vallgraven • Christina Nilssons Gata • Straßenbahn: Lilla Bommen • Tel. 13 13 00 • www.opera.se

Lorensbergsteatern ▶ S. 114, A 8

Das Theater gleich neben dem Götaplatsen bietet ein breites Angebot von Rockkonzerten über Performances bis zu Stand-up-Comedy. Spezialisiert auf moderne Stücke und unbekanntere Autoren. Im Restaurant gibt es Ciabatta fürs kleine Budget – oder Hummersuppe für 199 SEK.
Lorensberg • Berzeliigatan 4 • Straßenbahn: Berzeliigatan • Tel. 7 08 62 00 • www.lorensbergsteatern.se

Stadsteatern ▶ S. 118, A 13

Das Stadttheater ist auf moderne Stücke mit Themen unserer Zeit spezialisiert. Es fördert junge Autoren – einst hat hier auch schon Ingmar Bergman gestanden.

Lorensberg • Götaplatsen • Straßenbahn: Valand, Bus: Götaplatsen • Tel. 7 08 71 00 • www.stadsteatern. goteborg.se

Stora Teatern ▶ S. 113, E/F 3

Einst eines der größten Theater des Landes, ist das weiße Gebäude heute umgebaut zu Konzerthalle und Veranstaltungszentrum. Innen wie außen historisches Flair des 19. Jh.
Vasastaden • Kungsparken 1 • Straßenbahn: Kungsportsplatsen • www. storan.nu

The Gothenburg English Speaking Theatre
▶ S. 116, südwestl. A 12

Weil Göteborg über eine große englischsprachige Bevölkerungsgruppe verfügt, hat sich ein englisches Theater etabliert. Hoher Standard, Gastspiele auf den Bühnen der Stadt.
Tel. 42 50 65 • www.gest.se

Göteborgs Opernhaus (▶ S. 42) mit seinen drei Bühnen ist bekannt für seine modernen Ballettaufführungen, aber auch die Opern und Musicals sind hörenswert.

Feste und Events
In Göteborg ist das ganze Jahr über etwas los: Das Sport- und Kulturangebot ist bunt, und die Menschen sind offen für Neues. Festival-Fans sollten sich den August vormerken.

◄ Das Straßenfest Kulturkalaset (►
S. 45) zieht jährlich viele Besucher an.

(► S. 45)

JANUAR
Göteborg International Film Festival

Mit dem Internationalen Filmfestival wird Göteborg jeden Januar zur Filmstadt. Das größte Cineasten-Fest Skandinaviens widmet sich dem nordischen und internationalen Film.
www.giff.se

FEBRUAR
Göteborg Horse Show

Pferdenarren treffen sich jährlich in der Scandinavium Arena zu Springreiten, Dressur und großer Pferdemesse.
www.goteborghorseshow.com

MAI
Göteborgs Varvet

Jeden Mai nehmen über 50 000 Laufbegeisterte am Halbmarathon teil.
www.goteborgsvarvet.com

Göteborg Dans & Teater Festival

Das Göteborger Tanz- und Theaterfestival ist ein internationales Event für zeitgenössische Bühnenkunst.
www.festival.goteborg.se

JUNI
Where the Action is

Das Rock-Festival »Where the Action is« hat in den letzten Jahrzehnten an verschiedenen Orten Schwedens stattgefunden und ist jetzt in den Slottskogen gezogen.
www.wtai.se

JULI
Gothia-Cup

Der Juli steht ganz im Zeichen des Fußballs. Dann wird der Gothia-Cup ausgetragen, das weltgrößte Jugendfußball-Turnier mit mehr als 30 000 Teilnehmern.
www.gothiacup.se

AUGUST
Kulturkalaset

Das Kulturfest ist ein jährliches Straßenfest mit Musik, Kunst, Tanz und Theater sowie extra Kinderprogramm, das in der Innenstadt und in einigen Parks stattfindet.
www.goteborg.com/kulturkalaset

Way out West

Bei einem der besten europäischen Urban-Music-Festivals im »Slottskogen« treten nationale und internationale Musiker aus Rock, Independent, Elektronic und Hip-Hop auf.
www.wayoutwest.se

Göteborgs Jazzfestival

Drei Tage Swing, New Orleans, Gospel und Blues in der City – das Jazzfestival ist seit mehr als 20 Jahren eine feste Größe in Göteborgs Kulturlandschaft.
www.gothenburgjazzfestival.com

OKTOBER
Kulturnatta

Anfang Oktober laufen bei Göteborgs Kulturnacht Filme, Theaterproduktionen und Tanzdarbietungen an mehr als hundert Orten in der Stadt – oft bis frühmorgens.
www.kulturnatta.goteborg.se

NOVEMBER
Jul på Liseberg

Ab Mitte November verwandelt sich der Vergnügungspark Liseberg in einen stimmungsvoll beleuchteten Weihnachtsmarkt. Bis 23. Dezember.
www.liseberg.se/sv/hem/Julmarknad

Familientipps Göteborg bietet Familien drinnen wie draußen tolle Aktivitäten. Keinesfalls verpassen: das geniale Wissenschaftszentrum Universeum zum Selbermachen und Ausprobieren für Groß und Klein.

◄ Der Vergnügungspark Liseberg
(► S. 60) macht Groß und Klein Spaß.

Elch-Safari

Eine Elch-Safari mitten in der Stadt!
Erst führt ein Guide durchs Naturhistorische Museum, dann gibt es leckere Elch-Fleischklößchen im Museumscafé und danach geht es hinein
in den Park Slottskogen (MERIAN-
Tipp, S. 66), um sich an die echten
Elche heranzupirschen.
Olivedal • Straßenbahn: Linnéplatsen • Buchung unter Tel. 7 75 24 02
oder eva.goffe@vgregion.se • Ticket
600 SEK, Kinder 400 SEK

Go-Kart-Center
► S. 112, nordwestl. A 1

Auf Schwedens einziger für Meister-
schaften zugelassener, rund 1 km
langen Außen-Kartbahn bekommen
nicht nur Väter und Söhne leuchten-
de Augen. Für (größere) Kinder ab
1,60 m geeignet.
Torslanda • Bulyckevägen 20 •
Bus 240: Syrhåla • www.gokart.se •
tgl. 12–20 Uhr

Indoor-Spielplatz »Lek &
Buslandet« ► S. 112, nördl. B 1

Ist schwedischer Dauerregen angesagt? Mit 5000 qm bietet der große
Indoor-Spielplatz Knirpsen jede
Menge Platz zum Klettern, Hüpfen
und Toben. Eltern zahlen als Begleit-
personen keinen Eintritt.
Brämaregården • Herkulesgatan 1 •
Straßenbahn: Hjalmar Brantingplat-
sen • www.lekobus.se • Mo–So 10–
20 Uhr • Eintritt Kinder 120 SEK (3 Std.)

Insel-Radtour
► S . 116, südwestl. A 12

Ganz einfach per SMS werden die
gelben Fahrräder auf der hübschen

Schäreninsel Brännö ausgeliehen:
Der Code zum Entsichern, Insel-
Karte und Informationen kommen
praktischerweise aufs Handy. Auch
Kindersitze und -räder.
www.brannocykeluthyrning.com • ab
80 SEK, Kinder ab 60 SEK

Meeres-Badeanstalt
► S. 116, südl. A 12

Genug Sightseeing? Mutige können
10 km südwestlich der City im »Askimsbadet« im Kattegatt abtauchen.
Ein feiner Sandstrand und ein Bade-
steg locken, außerdem gibt es Café
und Kiosk.
Bus 80: Askimsbadet

Minizug Stinsen ► S. 113, E 2

Die kleinen roten Stinsen-Züge sind
Kult. Vom Gustav Adolfs Torg aus tu-
ckern sie rund eine halbe Stunde
lang durch Göteborgs Geschichte.
Erklärungen gibt es auf Schwedisch,
Englisch und manchmal auf
Deutsch.
Inom Vallgraven • Straßenbahn:
Brunnsparken • www.stinsensight-
seeing.se • Mai–Anfang Sept. •
Ticket 90 SEK, Kinder 50 SEK, Familie
250 SEK

Spiegelkabinett »Kristall-
salongen« ► S. 118, C 13

Das Spiegelkabinett »Kristallsalon-
gen« im Vergnügungspark Liseberg
(► S. 60) ist bald 50 Jahre alt, aber
noch immer quietschen Kinder vor
Freude, wenn Mama und Papa breit
wie Nilpferde aus den Zerrspiegeln
winken.
Heden • Straßenbahn: Korsvägen •
www.liseberg.se

Universeum
► Museen und Galerien, S. 77

Göteborgs Hafen hat einen hohen Frei-
zeitwert. Nicht nur für die unzähligen
Segler, sondern auch für Bummler und
Genießer findet sich hier ein Plätzchen.

Unterwegs
in Göteborg

Prächtige Parks, Museen für Kultur und Wissenschaft, Festivals, Schwedens größter Freizeitpark und Ausflüge in die Schärenwelt: Göteborg ist Abwechslung pur.

Sehenswertes
Etwas zu sehen gibt es in Göteborg an jeder Ecke, seien es historische Gebäude und Plätze, wunderschöne Parks oder mit der »Feskekörka« die außergewöhnlichste Fischhalle der Welt.

◄ Die Domkyrkan (▶ S. 52), Göteborgs Dom, ist innen wie außen ein schönes, schlichtes Gebäude.

Göteborg ist eine ausgesprochen junge Großstadt – gerade einmal knapp vierhundert Jahre alt, das offizielle Stadtjubiläum wird im Jahr 2021 sicher groß gefeiert werden. Innerhalb dieser Zeit hat sich Göteborg von einer kleinen Siedlung zu Schwedens zweitgrößter Metropole gemausert. Holländische Baumeister machten die sumpfige Flussaue bewohnbar. Noch heute erkennt man ihr Wirken am Netz der Straßen und Kanäle in der Innenstadt, auch wenn davon viele inzwischen zugeschüttet sind. Deutsche und Schotten ließen sich ebenfalls bald in der neuen Handelsmetropole nieder, Göteborg wurde Schwedens Seefahrerstadt Nummer eins – und ist es bis heute. Die ansässige Ostindienkompanie unterhielt bald eine mächtige Handelsflotte, die Einflüsse ferner Nationen in die Stadt brachte. Noch immer pflegen die Göteborger selbstbewusst ihre Weltoffenheit und ihren speziellen, ziemlich schwarzen Humor. Stolz nennen sie ihre Stadt auch »Lilla London«, Klein-London. Die meisten Sehenswürdigkeiten und viele alte Bauten befinden sich im ältesten Stadtgebiet innerhalb des Wallgrabens, die Parks und viele Museen liegen im äußeren Gürtel. Alles ist schnell erreicht: Göteborg hat zwar keine U-Bahn, dafür aber ein hervorragendes Straßenbahnnetz. Mit der »Göteborg City Card« fahren Sie nicht nur kostenlos mit dem öffentlichen Nahverkehr, sondern erhalten auch freien oder ermäßigten Eintritt zu vielen Sehenswürdigkeiten und Museen.

Älvrummet ▶ S. 113, D1

Göteborg wächst. Gerade in den letzten Jahren hat sich links und rechts des Göta Älv enorm viel getan. Die Stadtentwicklung wird greifbar in der städtischen Ausstellung Älvrummet direkt an der Oper (▶ S. 55) und unter dem Riesenrad (▶ S. 54). Hier zeigen Modelle und Filme, wie nördliches und südliches Flussufer künftig aussehen sollen. Inom Vallgraven • Kanaltorget • Straßenbahn: Lilla Bommen • www. alvstranden.com/forumroot/aelvrummet • Mo–Do 15–19, Fr–So 11– 14 Uhr

Botaniska Trädgården
▶ S. 116, südl. A 12

Göteborgs Botanischer Garten ist mit 175 ha einer der größten seiner Art in ganz Europa. Der Besucher-

---

MERIAN-Tipp **7**

HAFENRUNDFAHRT MIT DER »ÄLVSNABBEN«

Günstiger und authentischer gibt es keine Hafenrundfahrt: einfach am Hafen Lilla Bommen in die Fähre 180 einsteigen und bis zum Endpunkt Klippan Färjelage mitfahren. Wie im Kino gleiten am Ufer die Oper, die Museumsschiffe von »Maritiman«, die Göteborger Fischauktion, die »Masthuggskyrkan«, große Schiffe in den Werften und die spannenden neuen Stadtteile auf dem Nordufer vorbei. In Klippan eine Runde schlendern und dann die nächste Fähre zurück nehmen …
www.vasttrafik.se • Abfahrt alle 30 Min.

magnet hat zahlreiche Auszeichnungen bekommen und wurde im Jahre 2001 zu Schwedens schönstem Garten gewählt. Rund 16 000 Pflanzenarten wachsen im angelegten Außenbereich, weitere 4000 im Gewächshaus. Unter anderem sind hier fleischfressende Pflanzen und Schwedens größte Sammlung exotischer Orchideen zu bewundern. An den Botanischen Garten grenzt das Naturschutzgebiet Änggårdbergen, in dem sich die wissenschaftliche Baumsammlung, das Arboretum, befindet. Besonders stolz ist man auf den seltenen Klippengarten mit einer europäischen, amerikanischen und asiatischen Abteilung, die der Tourismusführer »Michelin Green Guide« mit zwei Sternen bewertet. 2007 hat Schwedens führender Landschaftsarchitekt Ulf Nordfjell den Eingangsbereich mit bunten Sommerblumen neu gestaltet. Bänke laden wie auf einer italienischen Piazza dazu ein, die duftende Pracht in Ruhe zu genießen.

Änggården • Carl Skottbergs Gata 22A • Straßenbahn: Botaniska Trädgården • www.gotbot.se • tgl. 9 Uhr–Sonnenuntergang, Gewächshaus Mai–Aug. 10–17, Sept.–April 10–16 Uhr • Eintritt 20 SEK, Gewächshaus 20 SEK, Kinder frei

Domkyrkan
▶ S. 113, E 3

Göteborgs Dom, auch Gustavi domkyrka nach Stadtgründer König Gustav II. Adolf, ist ein klassizistischer Bau mitten in Göteborgs City. Nachdem zuvor zwei Kirchen am selben Platz großen Stadtbränden zum Opfer gefallen waren, wurde die nunmehr dritte Domkirche 1825 fertig gestellt und zwei Jahre später feierlich eingeweiht. Göteborgs Stadtarchitekt Carl Wilhelm Carlberg hat den Innenraum schlicht und hell konzipiert. Nur den Altar schmückt eine üppig goldene Gruppe von Engeln. Die Grünfläche rund um den Dom wurde über die Jahrhunderte als Friedhof genutzt, heute laden Bänke um eine Rasenfläche dazu ein, gleich neben der Fußgängerzone eine Pause einzulegen.

Inom Vallgraven • Kyrkogatan 28 • Straßenbahn: Domkyrkan • www.svenskakyrkan.se • Mo–Fr 8–18, Sa, So 10–16 Uhr

Feskekörka 🔶
▶ S. 112, C 4

Die »Fischkirche« genannte Warenhalle ist eines der Wahrzeichen Göteborgs. Das ungewöhnliche Gebäude, das in der Tat sehr an einen Sakralbau erinnert, macht das Verhältnis der Göteborger zu »ihrem« Meer, das hier üblicherweise »Kattegatt« heißt, deutlich: In den letzten Jahrhunderten hingen zahllose Existenzen in der Stadt direkt oder indirekt vom Fischfang ab. Heute pilgern Liebhaber von Fisch und Schalentieren regelmäßig in die Halle von 1874, denn frischere Ware gibt es kaum. Neben den Händlern im Erdgeschoss beherbergt die Feskekörka auch zwei Fisch-Restaurants. Das Restaurant Gabriel im Obergeschoss (▶ S. 18) ist mit seinem Meeresfrüchte-Büfett bei Einheimischen und Besuchern eine beliebte Adresse.

Inom Vallgraven • Rosenlundsgatan • Straßenbahn: Järntorget • www.feskekörka.se • Di–Do 9–17, Fr 9–18, Sa 10–15 Uhr

Gathenhielmska Kulturreservatet
▶ S. 112, westl. a 4

Eine der am besten erhaltenen Stadtansichten Göteborgs aus dem 18. Jh.

Fischkirche wird sie genannt, und tatsächlich sieht die Feskekörka (▶ S. 52) von außen wie eine Kirche aus. Innen geht es aber nur um Fisch in allen Variationen.

findet man etwas außerhalb des Stadtzentrums. So wie hier sah die Stadt vor den großen Bränden in weiten Teilen aus. Die stattlichen Holz- und Steinhäuser sollten ursprünglich in der ersten Hälfte des 20. Jh. einer Neubebauung weichen, doch Anwohnerproteste konnten dies verhindern. Im Jahr 1936 wurde das Reservat als lebendiges Museum eingerichtet. Die Häuser sind bewohnt, doch Besichtigungen von außen und zum Teil auch von innen sind möglich. Eines der schönsten Gebäude der Siedlung ist das Ga-

thenhielmska Huset, in dem einst die Familie des Kapitäns und Freibeuters im Dienste des Königs, Lars »Lasse« Gathenhielm, wohnte. Gruppen können das Gathenhielmska Huset nach Voranmeldung besichtigen (E-Mail: bokning@kaparen.se). **Stigberget • Pölgatan • Straßenbahn: Stigbergstorget • www.kultur reservatet.se**

Götaplatsen    ▶ S. 118, A 13

Der Götaplatz mit dem markanten Poseidonbrunnen ist einer der zentralen Plätze der Stadt. Hier endet die stadtauswärts führende Flanier- und Shoppingmeile Kungsportsavenyn. Mit Stadsteatern, Konsthallen, Konstmuseet und Konserthuset, der Spielstätte der Göteborger Symphoniker, bildet der Götaplatz das kulturelle Zentrum der Stadt. Die vom schwedischen Künstler Carl Milles entworfene, rund 8 m hohe Poseidonstatue aus Bronze steht über einem runden Springbrunnen und schaut auf die Stadt hinab. 1923 wurde der Platz anlässlich des 300-jährigen Jubiläums Göteborgs feierlich eingeweiht. Platz und Statue sind seitdem Wahrzeichen von Schwedens zweitgrößter Stadt.

Lorensberg , Straßenbahn: Valand, Bus: Götaplatsen

Göteborgs Bastionen ▸ S. 113, D 4

Die aus mehreren Bastionen bestehende Befestigungsanlage am Wallgraben stammt aus dem 17. Jh., als die wachsende Stadt sich mit Wällen, Dämmen und Schleusen gegen feindliche Angreifer wappnete – bis ins 19. Jh. war Göteborg eine der am stärksten befestigten Städte Europas. Dicke Steinmauern mit Schutz- und Vorratsräumen prägten ihr Gesicht. Noch heute erinnern der Wallgraben und die jetzt als Parks genutzten Wälle an die Vergangenheit. Die Bastion von König Karl, lateinisch Carolus XI Rex, ist eine der letzten erhaltenen sichtbaren Anlagen ihrer Art im Stadtgebiet. Nachdem die unterirdischen noch erhaltenen Teile der Befestigungsanlagen in Vergessenheit geraten waren, können Besucher heute auf geführten Bastionswanderungen auch Göteborgs verborgene Geschichte wieder entdecken.

Inom Vallgraven • Kungshöjd • Straßenbahn: Grönsakstorget • www.

walknet.se • Führung ab 100 SEK, Kinder frei

Göteborgs Fiskauktion
▸ S. 112, westl. A 4

Göteborg, das heißt Meer und Fisch. Der Fischfang war hier einst eine der wichtigsten Einkommensquellen, und noch heute lieben die Göteborger Fisch in allen Variationen. Wer eine typische Fischauktion erleben möchte, muss früh aufstehen: Wochentags ab 6.30 Uhr wechseln Spezialitäten wie Seelachs, Krabben, Seewolf, Schellfisch oder Dornhai am Fischerhafen lautstark ihren Besitzer. Doch nicht nur frischer Seefisch, auch Süßwasserfische aus dem ganzen Land werden frühmorgens am Flussufer verkauft – und das seit 100 Jahren. Privatpersonen dürfen hier allerdings leider nicht bieten. Trotzdem ist es sehr authentisch, bei so einer spannenden Auktion einmal dabei zu sein.

Majorna • Fiskhamnen • Straßenbahn: Kaptensgatan • www.gfa.se

Göteborgshjulet
▸ S. 113, E 1

Am Kanaltorget, ganz in der Nähe des Flusses und der Oper, dreht sich seit dem Jahr 2010 Göteborgs **Riesenrad**. Die Passagiere haben aus den 42 geschlossenen Gondeln aus 60 m Höhe einen atemberaubenden Blick über die Stadt, den Hafen und auf die neuen Stadtteile am Nordufer. Acht Personen pro Gondel genießen eine Viertelstunde lang den 360-Grad-Rundumblick.

Inom Vallgraven • Kanaltorget • Straßenbahn: Lilla Bommen • Jan.–Mitte Mai Fr–So 11–21, Mitte Mai–Sept. tgl. 11–21, Okt.–Nov. Fr–So 11–21, Dez. tgl. 11–21 Uhr • Ticket 95 SEK, Kinder 60 SEK

Göteborgs Operan ▸ S. 113, D 1

Göteborgs Oper liegt direkt am Hafen, und allein das Gebäude ist einen Besuch wert. Architekt Jan Izikowitz hat in dem modernen Gebäude aus Glas, Stahl und Beton zwei Konzertsäle konzipiert, von denen der größere 1300 Zuschauern Platz bietet. Vor der Oper steht eine Statue des schwedischen Dichters Evert Taube. Eine außergewöhnliche Kulisse bildet das schiffsähnliche Gebäude vor dem Hafen am Abend, wenn sich seine Lichter romantisch im Wasser spiegeln, während in der Ferne Hafenkräne ihre Arme über den Fluss strecken.

Inom Vallgraven • Christina Nilssons Gata • Straßenbahn: Lilla Bommen • www.opera.se • Führungen nach Vereinbarung (Tel. 13 13 00), Ticket 50 SEK, Kinder 25 SEK

Göteborgs Universitetet
▸ S. 113, F 4

Göteborgs Universität wurde zwar erst Ende des 19. Jh. gegründet, ist aber trotzdem nach Uppsala und Lund die drittälteste Hochschule Schwedens. Mit rund 37 000 Studierenden ist sie zudem eine der größten des Landes. Die Universitätsgebäude und die acht Fakultäten sind über die ganze Stadt verteilt, doch die meisten finden sich in den Stadtteilen Vasastaden und Lorensberg. Die vielen jungen Leute prägen diese Viertel mit Cafés, Bistros und Läden. Das massige Uni-Hauptgebäude steht seit gut 100 Jahren oberhalb der Vasagatan im Vasapark.

Vasastaden • Vasagatan • Straßenbahn: Vasaplatsen • www.gu.se

Göteborgs Utkiken **3**
▸ S. 113, E 1

»Läppstiftet«, Lippenstift, nennen die Göteborger augenzwinkernd ihren markant rot-weißen Wolkenkratzer »Skansaskrapan«, der gleich neben der Viking Barken an der »Götaälvbron« in den Himmel ragt. Das 1989 eingeweihte, postmoderne Bürogebäude von Architekt Ralph Erskine beherbergt in 86 m Höhe eine Aussichtsplattform und das Café

Wegzeiten (in Minuten) zwischen wichtigen Sehenswürdigkeiten

	Feskekörka	Kungsports- avenyn	Haga	Kronhuset	Liseberg	Trädgårds- föreningens Park	Maritiman	Skansen Kronan	Stora Saluhallen	Universeum
Feskekörka	–	15	10	15	40	15	15	20	15	40
Kungsports- avenyn	15	–	20	15	20	10	20	25	10	20
Haga	10	20	–	20	30	20	20	10	15	30
Kronhuset	15	15	20	–	35	15	10	25	10	35
Liseberg	40	20	30	35	–	20	45	45	30	5
Trädgårds- föreningens Park	15	10	20	15	20	–	20	30	10	25
Maritiman	15	20	20	10	45	20	–	30	15	40
Skansen Kronan	20	25	10	25	45	30	30	–	25	40
Stora Saluhallen	15	10	15	10	30	10	15	25	–	25
Universeum	40	20	30	35	5	25	40	40	25	–

»Göteborgs Utkiken«. Vor hier aus überblickt man bei guter Sicht nicht nur die ganze Stadt, sondern kann am Horizont sogar die Schären ausmachen. Der Fahrstuhl fährt alle halbe Stunde hinauf.

Inom Vallgraven • Lilla Bommen • Straßenbahn: Lilla Bommen • Sept.–Juni Mo–Fr 11–15, Juli–Aug. Mo–So 11–16 Uhr

Gunnebo Slott och Trädgårder

▸ S. 119, südöstl. F 16

Einst als »Sommerhaus« gebaut, beeindruckt der Herrschaftssitz Gunnebo von John Hall dem Älteren in Mölndal seine Besucher heute sowohl in den Innenräumen als auch mit seinem gepflegten Park. Geplant und gebaut hat das Anwesen Ende des 18. Jh. Göteborgs Stadtarchitekt Carl Wilhelm Carlberg. Hall war bei der schwedischen Ostindienkompanie mit dem Export von Eisenerz und Fischöl zu großem Reichtum gekommen, doch sein Sohn John Hall der Jüngere verprasste nach dem Tod des Vaters das Vermögen gleich wieder. Gunnebo Slott gehört seit 1949 der Stadt Mölndal. Eine Führung durch das Herrenhaus ist sehr zu empfehlen, um die prachtvollen Möbel und anderen Einrichtungsgegenstände zu sehen. Nach einem Spaziergang im Park (jederzeit zugänglich) mit französischem Barockgarten, englischem Landschaftspark und dem Küchengarten – alle ebenfalls von Carlberg konzipiert – unbedingt eine Pause im Café in einem der ehemaligen Bedienstetenhäuser machen: Die Bäckerei dort ist eine der besten Schwedens, und auch Schwedens wichtigster Kulinarikführer »White Guide« empfiehlt das **Gunnebo Kaffehus och Krog**, das nur Produkte aus dem eigenen Küchengarten einsetzt (▸ grüner reisen, S. 27).

Mölndal • Christina Halls Väg • Straßenbahn 4 oder Vorortzug bis Mölndal Bahnhof, danach Bus 752: Gunnebo • www.gunneboslott.se • Führung Juni–Aug. tgl. um 12, 13 und 14 Uhr • 80 SEK, Kinder frei

WUSSTEN SIE DASS...

... das Standbild auf dem Gustav Adolfs Torg die dritte Anfertigung ist? Bei der ersten Ausfertigung aus Italien war die Bronzelegierung minderwertig, die zweite aus München versank im Meer.

Gustav Adolfs Torg

▸ S. 113, E 2

Der Gustav-Adolf-Platz ist seit jeher Göteborgs politisches Stadtzentrum. Hier liegen die wichtigsten bürgerlichen und wirtschaftlichen Gebäude: Repräsentativ weiß und gelb in klassizistischem Stil gebaut, schmücken das Rathaus von 1673, das Gericht und die ehemalige Börse den früheren Großen Platz. Flankiert von vier historischen Laternen, dominiert das von Bengt Erland Fogelberg geschaffene Standbild des Königs Gustav II. Adolf den rot gepflasterten Platz. Im Gebäude der Börse von 1849 hat heute die Stadtverwaltung ihren Sitz. In der östlich am Platz vorbeiführenden Östra Hamngatan befand sich bis ins Jahr 1936 der Östra Hamnkanalen, bis er zugeschüttet wurde.

Inom Vallgraven • Straßenbahn: Brunnsparken

Haga ⭐ ▸ S. 112, C 4–S. 116, C 9

1647 als Vorort gegründet, war Haga anfangs ein zweckmäßiger, rechtwinklig angelegter Wohnort für Fischer, Seeleute und Tagelöhner. Das änderte sich mit der Industrialisierung Mitte des 19. Jh., als die vielen zugewanderten Arbeiter untergebracht werden mussten. Haga wuchs, und es wuchs schnell auch mit Göteborg zusammen. Nachdem der Stadtteil im letzten Jahrhundert verfiel und viele Häuser sogar abgerissen werden sollten, hat sich Haga seit den 1990er-Jahren nach aufwendigen Sanierungen und Neubauten in historischem Stil zum angesagten Stadtteil zum Wohnen und Flanieren gemausert. Ein Spaziergang auf der pittoresken, autofreien Haga Nygata ist wie eine Reise ins Schweden längst vergangener Zeiten: Die Schaufenster der kleinen bunten Holzhäuschen bieten an der kopfsteingepflasterten Straße Kitsch und Design, Antikes, Mode und Leckereien. Legendär unter den vielen Cafés – in denen man übrigens gern warm in eine Decke gehüllt bis weit in den Herbst draußen sitzt –, bietet das **Café Husaren** (▸ S. 23) die größten Zimtschnecken der Stadt feil. Haga ist heute längst kein Geheimtipp mehr, sondern touristisches Muss. Straßenbahn: Hagakyrkan oder Järntorget • www.hagashopping.nu

Hagakyrkan   ▸ S. 113, D 4

Schon im 17. Jh. verlangten die Bewohner Hagas nach einer eigenen Kirche, was der damalige König aber kategorisch ablehnte. Erst 1859 wurde die Hagakirche schließlich als eine der ersten schwedischen Kirchen im neogotischen Stil eingeweiht. Von außen schlicht, lenken im Inneren weiße Wände und eine dunkle Decke die Aufmerksamkeit auf den Altarraum mit großen, farbenfrohen Glas-Mosaikfenstern. Pforten und Fensterrahmen sind aus Edinburger

Wie viele imposante Gebäude in Göteborg liegt auch die Oper (▸ S. 55) am Wasser. Von der Veranda des beliebten Restaurants der Oper hat man einen tollen Blick!

Sandstein gebaut, die Spitze des 49 m hohen Kirchturms besteht aus vergoldetem Kupfer. Mit ihrer dreischiffigen Basilika sollte »Nya Kyrkan« ursprünglich nur als Erweiterung für die Domkirche dienen. 1883 wurde sie jedoch zur eigenen Kirche der Gemeinde Haga. Sie thront auf einem grünen Hügel, an dem früher zeitweilig ein Steinbruch lag. Im Jahr 1991 bekam die Hagakirche eine in den USA gebaute Brombaugh-Orgel, die optisch vom norddeutschen Barock inspiriert ist.

Haga • Södra Allégatan • Straßenbahn: Hagakyrkan • www.svenska kyrkan.se/haga • Mo–Do 11–15, Sa 11–13 Uhr

Harry Hjörnes Plats
▶ S. 113, nordöstl. F 3

Auf dem beliebten kleinen Platz mitten in Göteborgs Shopping- und Caféviertel ist eigentlich immer etwas los. Man verabredet sich im Sommer mit Freunden auf einen Drink und startet von hier in den Abend.

Inom Vallgraven • Östra Larmgatan/ Fredsgatan • Straßenbahn: Kungsportsplatsen

Katolska Kyrkan
▶ S. 114, A 7

Die katholische Kirche führt in den nordischen Ländern ein Nischendasein. Während zwei Drittel der Schweden der evangelisch-lutherischen Glaubensgemeinschaft angehören, sind nur knapp zwei Prozent römisch-katholischen Glaubens. Göteborgs größte katholische Gemeinschaft ist mit rund 5000 Mitgliedern die Gemeinde »Kristus Kungen«, Christ König. Die Kirche wurde 1938 eingeweiht und liegt in der Nähe des Trädgårdsföreningens Park (▶ S. 66). Täglich werden Messen auf Schwedisch gelesen, regelmäßig außerdem in anderen Sprachen. Westschwedens einzige katholische Buchhandlung, der »Lilla Therese Bokhandel«, liegt übrigens direkt im Nachbarhaus.

Heden • Parkgatan 14 • Straßenbahn: Kungsportsplatsen • tgl. für Andachten geöffnet

Klippan Kulturreservat
▶ S. 112, südwestl. A 4

»Klippan«, Göteborgs alte Industrieanlage direkt am »Göta Älv«, ist heute in weiten Teilen als Kulturreservat geschützt. Wo zur Zeit der Ostindienkompanie die großen Segelschiffe ihre Waren verluden und Mitte des 19. Jh. Zucker und Bier hergestellt wurden, liegen heute Kunst und Kommerz eng nebeneinander. Der schwedisch-schottische Unternehmer David Carnegie ließ hier große Fabriken errichten, deren backsteinerne Fassaden heute zum Teil um moderne Elemente ergänzt sind. Und umgenutzt: So beherbergt die ehemalige Brauerei am Ufer des Flusses heute ein Hotel. Sehenswert ist auch die kleine Backstein-Kapelle St. Birgitta, die Carnegie für die Arbeiter in schottischem Stil errichten ließ. Nur einen Steinwurf weiter liegt ein imposantes altes Heizkraftwerk unter der gigantischen, 45 m hohen Älvsborgsbrücke, das als alternatives Kulturzentrum Röda Sten (▶ MERIAN-Tipp, S. 78) Klippan heute maßgeblich prägt.

Majorna • Straßenbahn: Vagnhallen Majorna

Kronhuset und Kronhusbodarna ⭐
▶ S. 113, D 2

Das Kronhuset ist eines der ältesten erhaltenen Bauwerke Göteborgs.

Das imposante Kronhuset (▶ S. 58), in der Innenstadt gelegen, wurde in Ziegelbauweise errichtet und ist das älteste öffentliche Gebäude der Stadt.

1642 bis 1654 im holländischen Stil erbaut, diente es ursprünglich als Lager für Uniformen und Waffen. Hier fanden außerdem Reichstagstreffen statt. Heute finden im Kronhuset Konzerte statt, vor allem Blasmusik des Göteborg Wind Orchestra. Zum Kronhuset-Viertel gehören auch die **Kronhusbodarna**: In den kleinen gelben Werkstätten arbeiten verschiedene Handwerker, etwa ein Glasbläser, eine Töpferin oder die Bonbonkocher. Wer mag, kann ihnen über die Schulter gucken, wenn ein neuer Krug entsteht oder der Uhrmacher mit der Lupe vor dem Auge an kleinen Rädchen schraubt. Natürlich kann man die Ergebnisse der Handwerkskunst auch kaufen oder verkosten. Nebenan bietet das Café Kronhuset außerdem täglich einen Mittagstisch und selbst gebackenen Kuchen an.

Inom Vallgraven • Postgatan 6–8 • Staßenbahn: Brunnsparken • www.kronhusbodarna.nu • Handwerker Mo–Sa ab 10 bzw. 11 Uhr, Café Mo–Fr 10–19, Sa, So 11–18 Uhr

Kungsportsavenyn **2**

▶ S. 113, F 4

Wer nicht einmal die Kungsportsavenyn hinaufgeschlendert ist, war nicht in Göteborg. Was den Parisern ihre Champs-Élysées sind, ist den Göteborgern die »Avenyn«, wie sie ihre Prachtstraße knapp nennen. Hier gilt das Motto »Sehen und gesehen werden« beim Shoppen in einer der vielen Markenboutiquen genauso wie beim Ausgehen am Abend. Kaum ein anderes Stadtviertel verfügt über eine solche Restaurant- und Kneipendichte wie die Avenyn. Dabei ist die Achse, die von der Innenstadt rund 1 km nach Südosten

führt und mit dem Götaplatsen endet, erst rund 150 Jahre alt. Damals entwickelten die Städteplaner die Idee einer breiten Prachtstraße. Wem die Kungsportsavenyn zu trubelig ist, der findet in der studentischen Vasastaden und in der Linnégatan viele weitere unterschiedliche Ausgehmöglichkeiten.
Lorensberg • Straßenbahn: Valand • www.avenyn.se

Lilla Änggården ▸ S. 116, südl. A 12

In der Nähe des Botanischen Gartens liegt Lilla Ängholmen, ein kleines weißes Holzsommerhaus aus dem Jahre 1900. Das bürgerliche Häuschen ist mitsamt seiner Einrichtung, allen Möbeln und Gebrauchgegenständen gut erhalten. Gruppen können nach Anmeldung während einer Führung sehen, wie die Menschen vor gut 100 Jahren lebten. Im Sommer öffnet nach den Führungen ein kleines Café. Lilla Änggården ist nicht ganz leicht zu finden, aber von der Haltestelle Botaniska Trädgården weisen braune Schilder den Weg.
Änggården • Hejderidaregatan 15 • Straßenbahn oder Bus 58: Botaniska trädgården • www.stadsmuseum. goteborg.se • Sept.–Mai nur nach Vereinbarung (Tel. 3 68 36 19) • Ticket 80 SEK, Kinder 40 SEK

Liseberg ⬡ ♟♟
▸ S. 118, C 13–S. 119, D 14

Liseberg ist ein riesiger Vergnügungspark für Groß und Klein mitten in der Stadt – ja, sogar Skandinaviens größter Park dieser Art, was die Besucherzahlen angeht. Das Freizeitvergnügen beschränkt sich in Liseberg nicht auf die 35 Fahrgeschäfte, auch wenn es allein vier Achterbahnen gibt, darunter die größte Holzachterbahn des Nor-

Die Prachtstraße Kungsportsavenyn (▸ S. 59) dient den Göteborgern als Shopping- und Kneipenmeile ebenso wie für den abendlichen Restaurantbesuch.

dens, »Balder« genannt. Liseberg bietet auch mehrere Bühnen für Pop-, Rock-, Jazz- und sogar Klassikkonzerte und artistische Aufführungen, man kann in verschiedenen Restaurants und Cafés essen oder einfach die gekonnt angelegte Parklandschaft genießen. Der Freizeitpark ist nicht nur im Sommer Göteborgs ungeschlagener Publikumsmagnet, sondern zog in den letzten Jahren auch im Winter immer mehr Besucher an. Denn dann strahlt das Gelände festlich beleuchtet und beherbergt einen großen Weihnachtsmarkt. Getreu dem Motto »Weihnachten in Liseberg« kann man stimmungsvoll im Park flanieren und die beeindruckenden fünf Millionen Lichter, heißen Glögg und andere Adventsspezialitäten wie frisch gebrannte Mandeln genießen.
Heden • Straßenbahn: Korsvägen, Liseberg • www.liseberg.se • Ende April–Anfang Okt. meist ab 13 oder 15, Juli– Mitte Aug. tgl. 11–23 Uhr, Weihnachtsmarkt 18. Nov.–23. Dez. ab Mittag • Eintritt Mitte Juni-Mitte Aug. 90 SEK, Mitte Aug.–Mitte Juni 80 SEK, Kinder frei, Tagespass für Attraktionen und Fahrgeschäfte 310 SEK, Kinder 195 SEK

Masthuggskyrkan

▶ S. 112, westl. A 4

Die aus roten Steinen gebaute Kirche hoch oben auf dem Hügel ist ein Touristenmagnet. Rund 50 000 Besucher zählt das in nationalromantischem Stil erbaute Gotteshaus jedes Jahr. Zwei Monate bevor die Kirche im Jahr 1914 offiziell eingeweiht worden war, läuteten ihre Glocken und riefen damit die Göteborger zu den Waffen – der Erste Weltkrieg war ausgebrochen. Dass die Kirche

bei Besuchern so beliebt ist, liegt aber vor allem an dem einmaligen Ausblick, den man vom Kirchenhügel hat. Er reicht nicht nur über die ganze Stadt, sondern auch weit übers Meer. Für viele Amerika-Auswanderer war die Turmspitze das Letzte, was sie von Schweden sahen. Ganz in der Nähe liegen auch das sehenswerte **Gathenhielmska Kulturreservat** (▶ S. 52) und das **Sjöfartsmuseet Akvariet** (▶ S. 76).
Masthugget • Storebackegatan • Straßenbahn: Stigbergstorget, Bus 60: Fjällskolan • www.svenskakyrkan. se • Juni–Aug. tgl. 8–18, Sept.–Mai Mo–Sa 8–16 Uhr

Norra Älvstranden

▶ S. 112, westl. A 3

Wer mit der Autofähre aus Kiel in Göteborg ankommt und einige Jahre nicht hier war, wird sich wundern, wie sich das gegenüberliegende Flussufer verändert hat. Früher dominierten Werften und Häfen die nördliche Seite des Göta Älv, heute haben sie neuen Stadtteilen Platz gemacht. Norra Älvstranden heißt das Projekt, aus dem gleich mehrere neue Stadtteile hervorgegangen sind, etwa Lindholmen, Sannegården und Eriksberg auf ehemaligem Werftgelände am Fluss. Hier kann man prima moderne schwedische Gegenwartsarchitektur studieren, vor allem die Häuser im »Funkis«-Stil, einem dem Bauhaus-Stil entlehnten Funktionalismus, mit schlichten Formen, hohen Decken, offenen Räumen und vielen Fenstern. Eriksbergs sonnige Uferpromenade zieht in den Sommermonaten jede Menge Kaffeedurstige zur »Fika«, Kaffeepause, an. Besucher können auch die vielen Skulpturen und architektoni-

schen Kunstwerke wie den begehbaren roten »Vindarnas Tempel« von Künstler Per Kirkeby anschauen. Hier liegt die meiste Zeit des Jahres die imposante »Ostindiefararen Götheborg« (▸ S. 64) vertäut. Wer tiefer in die aktuelle Göteborger Stadtentwicklung einsteigen möchte, kann das in der Ausstellung Älvrummet (▸ S. 51) neben dem Riesenrad tun.
Fähre 180 (Älvsnabben) ab Lilla Bommen: Eriksbergs Färjelage

Nya Älfsborg Fästning ⚓⚓
▸ S. 116, westl. A 11
Dort, wo der Fluss Göta Älv ins Kattegatt mündet, liegt die Festung Nya Älvsborg. Die Anlage an der äußeren Göteborger Hafeneinfahrt ist eine der besterhaltenen in ganz Schweden und ein äußerst beliebtes Ausflugsziel. Schon auf der halbstündigen Bootsfahrt den Göta Älv hinab bis zur Festung gibt es viel zu sehen. Die Wehranlage wurde ab dem Jahr 1650 gebaut und spielte im Großen Nordischen Krieg Anfang des 18. Jh. eine Schlüsselrolle, als Dänemark-Norwegen erbittert gegen Schweden kämpfte. Heute bietet die Festungsinsel den Besuchern ein buntes Erlebnisprogramm: Kinder können auf Schatzsuche gehen, man trifft Freibeuter wie die Erzfeinde Lars Gathenhielm und Peder Tordenskiöld bei einer Theateraufführung oder kann das Karolinermuseum besichtigen. Regelmäßige geführte Touren erklären mehrsprachig die Anlage und ihre Geschichte. Bootstouren zur Festung starten am Hafen Lilla Bommen (Saison ab 15. Mai).
www.alvsborgfastning.se • Mitte Juni–Mitte Aug. Abfahrt tgl. 10, 11.30, 13, 14.30 und 16 Uhr, von Mai–Sept. eingeschränkter Verkehr • Ticket

(Bootsfahrt inklusive einer Führung) 160 SEK, Kinder 80 SEK, Schatzsuche für Kinder 50 SEK

Örgryte Gamla Kyrka
▸ S. 115, östl. D 8
Die Gemeinde im Stadtteil Örgryte ist eine der ältesten in Göteborg und hat rund 11 000 Mitglieder. Die Alte Kirche geht auf einen romanischen Bau aus dem 13. Jh. zurück: Die weiße Steinkirche muss mit ihren dicken Mauern im Mittelalter auch als Wehrbau gedient haben. Seitdem wurde sie mehrfach umgebaut, u. a. wurde der mittelalterliche Chor ersetzt und ein neuer Kirchturm gebaut. Dieser war 1748 fertig, wie an der Außenwand noch heute in großen Zahlen zu lesen ist. Im Kirchgarten liegt das Grab von Carl Wilhelm Carlberg, Göteborgs Stadtarchitekten, der im 18. Jh. bedeutende Bauwerke wie die Domkirche oder Gunnebo Slott (▸ S. 56) mit Außenanlage in Mölndal schuf.
Örgryte • Danska Vägen 1 • Straßenbahn: S:t Sigfrids plan • www.svenskakyrkan.se

Örgryte Nya Kyrka
▸ S. 115, östl. F 7
Örgrytes Neue Kirche ist in neugotischem Stil erbaut und wurde 1890 eingeweiht, nachdem die Alte Kirche zu klein geworden war. Sie ist heute vor allem wegen ihrer Orgeln weit über Göteborg hinaus bekannt: Zum einen ist das die englische Willisorgel aus den 1870er-Jahren, zum anderen die nachgebaute deutsche Barockorgel, die im Rahmen eines norddeutschen Orgelforschungsprojektes zusammen mit der Universität Göteborg Ende des letzten Jahrhunderts entstand. Vorlage für das

Im Göteborger Ortsteil und Kirchengemeinde Örgryte steht die Gamla Kyrka
(▶ S. 62), die alte Kirche. Mächtig und trutzig erinnert sie an einen Wehrbau.

Instrument war die im zweiten Weltkrieg zerstörte Lübecker Domorgel.
Um den originalgetreuen Nachbau
in die Kirche integrieren zu können,
musste diese in den Jahren 1996 und
1997 renoviert werden. Seit 1999
steht das Instrument auf der Westem-
pore und ermöglicht es, in der Kirche
Orgelmusik so zu spielen, wie sie ver-
mutlich im 17. Jh. in vielen norddeutschen Kirchen erklungen ist.
Örgryte • Herrgårdsgatan 2 • Straßenbahn: Bäckeliden • www.svenska
kyrkan.se • zu Konzerten geöffnet

Oscar Fredriks Kyrka ▶ S. 116, A 9

Viele Göteborger halten die auf einem Berg zwischen Järntorget und
Linnéplatsen gelegene Oscar-Fredriks-Kirche für eine der schönsten
ihrer Stadt. Das im neugotischen Stil
erbaute Gotteshaus gilt auf jeden Fall
auch unter Fachleuten als eines der
besten Beispiele dieses Stils in ganz
Schweden. Bemerkenswert sind die
dunklen Querbänder in der roten
Backsteinfassade und die Rosetten
in den Kirchenfenstern. Geplant von
dem bekannten Architekten des

MERIAN-Tipp 8

STORA SALUHALLEN

▶ S. 113, E 3

Göteborgs große Markthalle ist ein Sinnbild der Stadt selbst: bunt und weltoffen. So riecht und schmeckt die weite Welt. Rund 40 Verkaufsstände, Imbisse und Händler bieten in der Markthalle ihre Delikatessen wie Käse, Fleisch, Kräuter, Kaffee an. Der Kungstorget ist seit Mitte des 19. Jh. Göteborgs Marktplatz. 1889 konstruierte Architekt Hans Hedlund die Große Markthalle an diesem Platz. Das denkmalgeschützte Gebäude mit seinem Dach aus Stahl und Glas erinnert ein wenig an eine Bahnhofshalle, und ähnlich bunt und trubelig spielt sich das Leben in seinem Inneren ja auch ab: exotische Gewürze hier, skandinavische Fischspezialitäten dort, gegenüber ein Imbiss mit günstigen Tagesgerichten. Sogar deutsches Brot gibt es. In ihrer Mittagspause drängen sich die Berufstätigen in der Markthalle, um schnell etwas zu essen. Im Sommer stehen oft Tische draußen, und lokale Händler bieten frisches Obst und Gemüse der Region an.

Inom Vallgraven • Kungstorget • Straßenbahn: Kungsportsplatsen • www.innerstadengbg.se • Mo–Fr 9–18, Sa 9–15 Uhr

19. Jh., Helgo Zetterwall, wurde das Gotteshaus 1893 eingeweiht. Ihren Namen bekam die Kirche fünf Jahre später, als König Oscar II. sie besuchte. In den Jahren 1915, 1940 und zu-

letzt 1974 unterzog man die Kirche grundlegenden Renovierungen. Dabei wurden einige Wandmalereien überdeckt, die man später wieder herstellte. Die beiden großen Rosettenfenster der Kirche sind noch die Originale aus dem Jahr 1893, beide wurden vom Künstler Reinhold Callmander geschaffen.

Olivedal • Oscar Fredriks Kyrkogata • Straßenbahn: Prinsgatan • www. svenskakyrkan.se/oscarfredrik • nur während der Gottesdienste Sa, So 17 Uhr geöffnet

Ostindiefararen Götheborg

▶ S. 112, westl. A 3

Die »Götheborg« ist eines der größten seetüchtigen Segelschiffe aus Holz. Es sieht alt aus, ist tatsächlich aber der Nachbau seines Namensvetters, der im Jahre 1745 bei der Heimfahrt aus China im Göteborger Hafen auf Grund lief und sank. Das Schiff hatte Seide, Tee und Porzellan geladen und gehörte der erfolgreichen Schwedischen Ostindienkompanie. 1984 fand ein Taucher die alte »Götheborg« im Göta Älv, und man beschloss, das Schiff originalgetreu hochseetauglich nachzubauen. Seit 1995 entstand schließlich die neue »Götheborg« auf der Werft Terra Nova im heutigen Stadtteil Eriksberg, direkt gegenüber der Anlegestelle der Stena-Line nach Kiel. Dabei wurden die gleichen Materialien und Techniken wie früher verwendet, zusätzlich bekam die neue »Götheborg« jedoch unter anderem Radar, GPS und einen Motor. 2003 ließ man den 41 m langen und 11 m breiten Nachbau zu Wasser. 2005 bis 2007 unternahm der Dreimaster wie sein Namensvetter eine Expedition nach China, bei der zeitweise sogar das schwedische Königspaar an Bord war. Als Repräsentantin der Wirtschaftsregion Göteborg nimmt die »Götheborg« heute auch Gäste mit fundierten Segelkenntnissen mit auf ihre Touren.

Eriksberg/Stenpiren • Fähre 180 (Älvsnabben): Eriksbergs Färjelage • www.soic.se • Feb.–Mai Eriksberg, Pier 4, Führungen auf Schwedisch Di–Do 16, Sa 12, auf Englisch Sa 13, Juli–Aug. Stenpiren tgl. 11–18 Uhr, Führungen nach Vorausbuchung möglich (www.ticnet.se) • Ticket 100 SEK

Ramberget   ▸ S. 112, westl. A 1

Der grüne Ramberg erhebt sich 87 m über dem Meer und liegt im Stadtteil Hisingen auf der nördlichen Seite des Göta Älv. Der Park ist ein vielbesuchtes Ausflugsziel, denn von den beiden Erhebungen Ättestupan und Ramberget hat man einen hervorragenden Ausblick auf die Stadt. Bei klarem Wetter kann man sogar bis zum Leuchtturm auf Vinga blicken, der äußersten Insel von Göteborgs südlichen Schären, bevor das offene Meer beginnt.

Hisingen • Straßenbahn: Rambergsvallen

WUSSTEN SIE, DASS…

… jedem Göteborger zumindest statistisch 175 qm Grünfläche zur Verfügung stehen?

Residenset   ▸ S. 113, D 3

Die Königliche Residenz in der Södra Hamngatan ist Göteborgs ältestes Wohngebäude. Sie wurde 1650 erbaut und wird seit dem 18. Jh. als Landesbehörde genutzt. König Karl X. Gustav feierte in der hellbeigen Residenz 1658 den Frieden von Roskilde, bevor er hier zwei Jahre später überraschend starb. Heute hat der Landesgouverneur Westgötalands in den Räumen seine Niederlassung.

Inom Vallgraven • Södra Hamngatan 1 • Straßenbahn: Brunnsparken

Skansen Kronan   ▸ S. 116, C 9

Die Festung Skansen Kronan wurde von 1687 bis 1689 erbaut, um Schwedens Zugang zur Nordsee abzusichern und die Stadt vor den Dänen zu schützen. Offenbar ging die Strategie gemeinsam mit der »Älvsborg Fästning« (▸ S. 62) auf, denn Skansen Kronan wurde nie attackiert, die beeindruckenden Kanonen, die im Inneren der Festung stehen, wurden nie gezündet. Stattdessen nutzte man im 19. Jh. die Katakomben der Festung, die aus schwerem dunkelgrauen Granit mit der goldenen Krone drüber über Haga thront, als Gefängnis. Die Gefangenen durften nur an den Sonntagen in den Hof, um dort zu verkaufen, was sie unter der Woche hergestellt hatten. Während der 1850er-Jahre kamen außerdem Obdachlose in dem Gebäude unter. Heute verbinden die Göteborger aber vor allem Angenehmes mit den alten Mauern: Beliebt sind prunkvolle Hochzeitsfeiern in dem heute privat geführten Gebäude. Vom Burghügel hat man einen schönen Blick auf das alte Arbeiterviertel Haga und sogar bis zu den Werften am gegenüberliegenden Flussufer. Gen Westen sieht man die schöne Oscar-Fredriks-Kirche (▸ S. 63) vor dem markanten Turm der Masthuggskirche.

Olivedal • Skansberget • Straßenbahn: Prinsgatan • www.skansen kronan.se • Café und Turmbesteigung Fr 12–15, So 11–16 Uhr

Trädgårdsföreningens Park

▸ S. 113, F 3

Inspiriert von den berühmten deutschen Botanischen Gärten in Greifswald und Berlin beschloss Kapitän Henric von Normann im Jahre 1842, auch in Göteborg einen Gartenverein nach Vorbild der englischen »Royal Horticultural Society« zu gründen. Nach langen Jahren umgeben von dicken Granitmauern sehnte sich die Stadt nach einem innenstadtnahen Park. So entstand auf der Grundlage englischer und deutscher Gartenkunst mit dem Gartenverein als Initiator ein Lustgarten auf den alten Festungsflächen direkt vor dem Wallgraben. Im prächtigen viktorianischen Gewächshaus Palmhuset aus dem Jahr 1878 gedeihen seitdem exotische Pflanzen in mildem Mittelmeerklima, im Jahr 1985 kam als weiterer Höhepunkt ein ökologisch bewirtschaftetes Rosarium hinzu. Heute ist der Park des Gartenvereins einer der am besten erhaltenen Gärten des 19. Jh. in ganz Europa. Die grüne Oase im Herzen der Stadt ist ein Lieblingsplatz vieler Göteborger, die hier ihre Mittagspause verbringen oder sich im gemütlich altmodischen Rosenkaféet (▸ MERIAN Tipp, S. 23) auf der schönen Sonnenterrasse verabreden. Kunstliebhaber finden zahlreiche Skulpturen im Gelände, und im Sommer nimmt der Gartenverein am beliebten Göteborger Kulturfest teil. Dann gibt es für Kinder eine Woche lang ein buntes Programm im Park.

Heden • Södra Vägen • Straßenbahn: Kungsportsplatsen • www.tradgards foreningen.se • Mo–Fr 7–20, Sa– So 9–20 Uhr, Palmenhaus tgl. 10– 16 Uhr • Eintritt 20 SEK, freier Eintritt Mitte Sept.–Mitte April

---

MERIAN-Tipp 9

SLOTTSKOGEN

▸ S. 116, A/B 11/12

In Göteborgs großem Stadtpark, wörtlich übersetzt Schlosswald, trifft sich im Sommer halb Göteborg zum Picknicken, Beachvolleyball oder Abenteuergolf oder einfach zum Joggen.
Ein Großteil des Parks besteht aus einem sanft hügeligen Laubwald mit Linden, Buchen und Eichen. Es gibt auch Rhododendren- und Azaleenpflanzungen, und im zugehörigen Tierpark sind heimische Tiere wie Elche, Rehe und Füchse zu sehen. Kinder lieben das Ponyreiten und den Streichelzoo. Nicht nur das Naturhistoriska Museum (▸ S. 75), auch ein Restaurant, mehrere Cafés und sogar eine Sternwarte stehen im Park.
Olivedal • Straßenbahn: Linnéplatsen • Ponyreiten und Streichelzoo April–Sept. tgl.

Tyska Kyrkan

▸ S. 113, D 2

Die Deutsche Kirche oder Christinae kyrkan zollt dem Umstand Tribut, dass im 17. Jh. viele Deutsche, aber auch deutschsprachige Holländer und Schotten in Göteborg wohnten. Sie halfen die Stadt aufzubauen und zu befestigen. Seit 1648, als die nach Gustav II. Adolfs Tochter Christina benannte Kirche eingeweiht wurde, feiert die Deutsche Gemeinde hier ihren Gottesdienst. Innen zeigt sich die Kirche in einem einheitlich hellen Perlgrau mit vergoldeten Details. Das Gotteshaus bekam im Jahre 1961 ein Glockenspiel

Die Stora Saluhallen (▸ MERIAN-Tipp, S. 64) ist ein wahres Paradies für Genießer und Schlemmer, für Köche, Neugierige und Hungrige.

mit 42 Glocken, das viermal täglich erklingt. Der Gottesdienst findet jeden Sonntag um 11 Uhr auf Deutsch statt, denn die Evangelische Kirche Deutschlands entsendet nach wie vor immer für sechs Jahre einen Geistlichen nach Göteborg in die Tyska Kyrkan Christinenkirche.
Inom Vallgraven • Norra Hamngatan 16 • Straßenbahn: Brunnsparken • www.svenskakyrkan.se/tyska • Mo–Fr 12–16, Juni–Aug. auch Sa 12–16 Uhr, Glockenspiel tgl. um 8, 12, 15 und 18 Uhr

Vasakyrkan ▸ S. 117, F 9

Gleich hinter dem Vasapark mit dem stattlichen Hauptgebäude der Universität steht die Vasa-Kirche. Das monumentale Gotteshaus ist aus Bohus-Granit im neuromantischen Stil gebaut und wurde 1909 eingeweiht. Einige Schmuckelemente hat Architekt Yngve Rasmussen im Jugendstil gestaltet. Rund 1000 Personen finden in ihrem Inneren Platz. Blickfang in der sonst eher schlichten weißen Kirche ist die mächtige Chorbemalung von Albert Eldh. Das blaue Mosaikbild über dem Haupteingang, das einen regierenden Christus zeigt, wurde erst 1957 vom Künstler Gunnar Erik Ström hinzugefügt.
Vasastaden • Engelbrektsgatan • Straßenbahn: Vasaplatsen • www.svenskakyrkan.se/vasa • Mo–Fr 8.30–15.30, Sa 11–15, So 9.30–19 Uhr

WUSSTEN SIE, DASS...

… in den beliebten Park Slottsskogen bis zum 18. Jh. nur der König Zutritt hatte? Der Wald war sein persönliches Jagdrevier.

Im Fokus

Gänsehaut in Göteborg Krimi-
Schauplätze aus der schwedischen Literatur lassen sich in der City, in den Vororten oder sogar auf einer Insel entdecken.

Sightseeing mal anders: In und um Göteborg finden sich die Schauplätze bekannter Schweden-Krimis. Åke Edwardson etwa gehört zu den erfolgreichsten Schriftstellern des Landes. Ganz individuell und in eigenem Tempo lassen sich die Orte seiner zehn Romane um Kommissar Winter entdecken. Auch viele Schauplätze der Göteborger Krimi-Autorin Helene Tursten, die hier ihre Ermittlerin Irene Huss – Trägerin des schwarzen Jiu-Jitsu-Gürtels und Mutter von Zwillingen – in die Parallelwelt des Verbrechens eintauchen lässt, haben reale Vorbilder. Also auf zur kriminalistischen Spurensuche – am besten mit dem passenden Krimi in der Tasche (▶ S. 105).

Leiche am Ufer

Mitten auf dem Vasaplatsen (E 4) thront ein Obelisk aus Stein. Hier, gleich unterhalb der alten Universität, wohnt der snobistische Kommissar Erik Winter – zumindest in Edwardsons Romanen. Aus einem der gediegenen Steinhäuser mit ihren verschnörkelten Balkongittern schaut der Polizist hinunter auf den Platz, trinkt teuren Whisky und raucht belgische Zigarillos. Hier ist die Welt noch in Ordnung – doch der Ermittler bekommt es immer wieder mit furchtbaren Verbrechen zu tun. Vom Vasaplatz aus rumpelt die blaue Straßenbahn vorbei an der auch bei Winter beliebten Feskekörka (C 4) (▶ S. 52) in Richtung Lån-

◄ Im Café Kardemumma (▶ S. 23) kann man auch mal Åke Edwardson antreffen.

gedrag, wo sich der Fluss öffnet, die Upper Class wohnt und im Yachthafen schicke Boote auf den Wellen schaukeln. Hier spielen auf der vorgelagerten, ruhigen Insel Donsö Teile von Edwardsons Krimi »Segel aus Stein«, und seine Tochter Elsa findet auf dem Grundstück der Familie am Meer einen Toten. Auch Irene Huss findet in »Die Tätowierung« eine Leiche hier am Meeresufer und muss in »Der erste Verdacht« in einer Luxusvilla in den Schären ermitteln.

Tod im Shoppingcenter

Schauplatz City: Zwischen dem gigantischen Einkaufscenter Nordstan und historischen Steinhäusern blitzt der Fluss hindurch. Edwardson hat »Der Himmel auf Erden« in dem modernen Shoppingcenter (E 2) enden lassen, das an sieben Tagen der Woche Menschenströme durch große Glastüren in sein Inneres zieht. Alle Stimmen und Geräusche sind gedämpft wie unter einer riesigen Glasglocke. Den Krimi Autor trifft man allerdings eher in einem der vielen Cafés Göteborgs. Zum Schreiben fährt der frühere Journalist hingegen ganz diszipliniert in sein karges Studio in der Konstepidemien (C 11), einem früheren Seuchenkrankenhaus und heute alternatives Kulturzentrum mit Künstlerateliers. Oft ist er auch in der Stadt unterwegs und sucht Schauplätze für seine Bücher.

Mord in der Vorstadt

Und die findet er dann zum Beispiel in den Vororten. »Rotes Meer«, der achte Band der Reihe um Kommissar Winter, ist in den nördlichen Satelliten-Städten der Halbmillionen-Metropole angesiedelt, Hjällbo, Gårdsten und Rannebergen. Dunkelhäutige Menschen laufen durch die am Reißbrett geplanten Hochhaus-Siedlungen, fremde Sprachfetzen mischen sich. Viele Frauen sind verschleiert. In einem Lebensmittelladen mengen sich exotische Gewürze zu einem fremden Geruch. Mehr als 60 Nationalitäten sind hier gezählt worden. »Rotes Meer« beginnt mit einem Mord in dieser Vorstadt, und Erik Winter fühlt sich, obwohl nur wenige Kilometer von seiner Stadtwohnung entfernt, wie in einem fremden Land. Edwardson recherchiert sorgfältig: Sogar die lyrischen Straßennamen mit den schmucklosen Häuserblocks sind real, Fjällblomman, Bergblume, oder Kanelgatan, Zimtstraße (nördl. F 1). Und auch den Arbeitsplatz seines Kommissars gibt es genau so, das Polizeipräsidium am Ernst Fontells Plats (B 6), ein großes rotes Backsteingebäude zwischen den Sportstadien Gamla Ullevi und Nya Ullevi. Auch der alte Gasometer am Gullbergs Kaj, dem »Kai der Träume« der Lebenskünstler, steht noch. Hierher zieht sich Erik Winter zurück, wenn er in Ruhe nachdenken muss. Bei seinen Geschichten sind Edwardson zwei Dinge wichtig: Die Leser müssen fühlen, dass sich die Geschichte so ereignet haben könnte. Und sie müssen Mitgefühl für die Opfer spüren. Sonst sind Krimis in seinen Augen leere, platte Unterhaltung. Doch auch wenn Irene Huss und Erik Winter hier immer wieder scheußliche Verbrechen aufzuklären haben – keine Angst: Göteborg ist wie alle schwedischen Städte in Wirklichkeit ziemlich sicher.

Alle hier angegebenen Planquadrate beziehen sich auf den Kartenatlas,
▶ S. 112–119

Museen und Galerien
Wer in Göteborg ins Museum geht, hat die Wahl: Kunst oder Technik, Design oder Seefahrt? Besonders lohnenswert sind Kunstmuseum, Weltkulturmuseum und Universeum.

◄ Das Naturhistorische Museum
(► S. 75) wurde 1833 gegründet
und ist Göteborgs ältestes Museum.

Göteborg bietet eine breite Spanne
thematisch unterschiedlicher Museen. Am und um den Götaplatsen
befinden sich zahlreiche von ihnen.
Neben den städtischen Museen be-
treiben auch verschiedene Stiftun-
gen private Häuser.
Die Eintrittspreise sind generell mo-
derat, und Kinder zahlen immer einen ermäßigten oder gar keinen Eintritt – manchmal sogar bis zum 25.
Lebensjahr. Führungen und Erklärungen sind meist mindestens auch
auf Englisch, manchmal sogar auf
Deutsch. Mit der Göteborg City
Card (► S. 106) erhalten auch Erwachsene ermäßigten oder freien
Eintritt in zahlreiche Museen, und
einmalig günstig ist das »Årsbiljett«:
Für nur 40 SEK darf man fünf der
wichtigsten Museen Göteborgs,
nämlich Kunstmuseum, Stadsmuseum, Naturhistoriska Museet, Sjöfartsmuseet Akvarium und Röhsska
Museet, ein ganzes Jahr lang besuchen, so oft man will. Wie in europäischen Städten üblich, haben die
meisten Museen montags geschlossen – dafür ist aber häufig am Mittwoch oder Donnerstag länger geöffnet. Nicht nur in Architekturkreisen
weit über Göteborg hinaus bekannt
ist das moderne Världskulturmuseet, in dem sich neben den eigentli-
chen Ausstellungen ein abwechs-
lungsreiches Begleitprogramm etabliert hat. Faszinierende Entdeckun-
gen lassen sich im Universeum
machen – das kindgerechte, abwechslungsreiche Wissenschaftszentrum nimmt Regentagen in der
Stadt ihren Schrecken.

MUSEEN

Aeroseum   ► S. 112, nordwestl. A 1

In einem ausgedienten schwedischen Luftwaffenbunker zeigt das
Aeroseum fast 30 m tief im Fels unter
der Erde die Schrecken des Kalten
Krieges. Hier, am alten militärischen
Teil von Göteborgs internationalem
Flughafen City Airport, stehen zivile
und militärische Flugzeuge und
Hubschrauber. Man kann auf dem
Pilotensitz eines modernen Jet-
fighters Platz nehmen oder im Flug-
simulator scheinbar durch die Luft
sausen. Spannend!
Säve Depå, City Airport • Holmvägen
100 • Bus 35: vom Hjalmar Brantings-
platsen bis Granhäll • www.aero-
seum.se • Di–So 11–18 Uhr • Eintritt
80 SEK, Kinder 50 SEK

Bryggeriemuseet
► S. 116, südl. A 12

Bierfreunde können im Brauerei-
seum der Göteborger Firma Pripps
alte Produktionsapparaturen besichtigen und die Grundlagen der Braue-
reikunst kennenlernen. Die Verkos-
tung des Gerstensaftes ist immer Teil
der Besichtigung.
Västra Frölunda • J.A. Pripps Gata 2 •
Bus 771: ab Kungsportsplatsen bis
August Barks Gata • http://bryggeri
kultur.tripod.com • Führung mit
Bierverkostung nur für angemeldete
Gruppen ab zehn Personen
(E-Mail: rothausen@telia.com),
Ticket 295 SEK

Emigranternas Hus   ► S. 112, C 2

Göteborg ist Schwedens Auswande-
rerstadt Nummer eins. Hier stachen
in den Jahren 1850 bis 1930 die
Schiffe nach Amerika in See, als insgesamt 1,4 Millionen Schweden ihr
Land verließen – meist bitterarme

Göteborgs Museen sind von hohem internationalen Standard. Das im neoklassizistischen Stil erbaute Kunstmuseum (▶ S. 72) beherbergt auch die Skulpturengalerie.

Bauern mit der Hoffnung, in der Neuen Welt ein glücklicheres Auskommen zu finden.

Das Haus der Emigranten widmet sich als offenes Forum und Forschungseinrichtung dem Phänomen Auswanderung. Es liegt im Alten Zollhaus in der Nähe des Hafens, das damals alle Auswanderwilligen passieren mussten, um ihre Papiere für die Überfahrt stempeln zu lassen. Wer Angehörige hat, die ausgewandert sind, kann hier in den Registern nach ihnen suchen. Das Emigranternas Hus versteht sich auch als Treffpunkt für alle heutigen Migranten Göteborgs, denn letztlich ist es ja nur eine Frage des Blickwinkels: Jeder Einwanderer ist auch gleichzeitig ein Auswanderer.

Inom Vallgraven • Packhusplatsen 7 • Straßenbahn: Lilla Bommen • www.emigranternashus.se • Mo–Fr 10–16 Uhr • Eintritt 30 SEK

Göteborgs Konsthall

▶ S. 118, A 13

Die Kunsthalle befindet sich in einem klassizistischen Bau von 1923 am Götaplatz. Sie zeigt wechselnde Sammel- und Einzelausstellungen schwedischer und internationaler Künstler. Der Schwerpunkt liegt vor allem auf modernen und zeitgenössischen Werken.

Lorensberg • Götaplatsen • Straßenbahn: Valand, Bus: Götaplatsen • www.konsthallen.goteborg.se • Di, Do 11–18, Mi 11–20, Fr–So 11–17 Uhr • Eintritt frei, kostenlose Führungen Mi 18 und Sa 13 Uhr (auf Schwedisch, bei Bedarf auf Englisch)

Göteborgs Konstmuseum

▶ S. 118, A 13

Göteborgs Kunstmuseum ist führend in Nordischer Kunst, hier finden sich Meisterwerke diverser skandinavischer Künstler: die das schwedische Landleben skizzierenden Bilder von Carl Larsson, die düster-melancholischen Ölbilder des Norwegers Edvard Munch und die Aktbilder von Anders Zorn. Aber auch Werke von anderen großen europäischen Künstlern wie Rembrandt, Rubens, van Gogh, Picasso, Monet und Chagall sind zu sehen. Die Sammlung umfasst Werke aus fünf Jahrhunderten und wird von Sonderausstellungen in Malerei und Skulptur ergänzt. Im Keller des Kunstmuseums befindet sich das Hasselblad Center (▶ S. 73) mit seiner Fotokunst-Ausstellung.

Lorensberg • Götaplatsen • Straßenbahn: Valand, Bus: Götaplatsen • www.konstmuseum.goteborg.se • Di, Do 11–18, Mi 11–21, Fr–So 11–17 Uhr, Führungen (schwedisch) Do und So 14 Uhr • Eintritt 40 SEK, Kinder frei

Göteborgs Remfabrik
▶ S. 114, C 7

Wer sich dafür interessiert, wie eine Fabrik früher aussah, sollte die Riemenfabrik besuchen. Im dreigeschossigen Industriegebäude wurden seit Beginn des letzten Jahrhunderts Riemen und Gurte gefertigt. 1977 wurde sie aufgegeben und steht seitdem genauso da wie an dem Tag, an dem die Maschinen abgeschaltet wurden.

Heden • Åvägen 15 • Straßenbahn: Ullevi Södra • http://remfabriken.se • Mo 17.30–19.30 und jeden zweiten Sonntag im Monat 11–14 Uhr • Eintritt mit Führung 40 SEK

Göteborgs Stadsmuseum 👫
▶ S. 113, D 2

Das Stadtmuseum befindet sich im Haus der Ostindienkompanie, dem Ostindiska Huset, gebaut Mitte des 18. Jh. Es erzählt vom Leben in der Steinzeit in diesem Landstrich, und ein ausgestelltes Wikingerschiff rollt die Geschichte der früheren Seefahrer und Eroberer auf. Eine große Ausstellung widmet sich der Stadt Göteborg selbst, vom Mittelalter über die Ostindienzeit, dem explosionsartigen Anstieg der Stadtbevölkerung mit der Industrialisierung im 19. bis ins 21. Jh. Hier kann man lernen, warum Göteborg auch als das schwedische Amsterdam gilt und welche Verbindungen es zur Zeit der Stadtgründung nach Schottland, England und Deutschland gab. Das Stadtmuseum zeigt regelmäßig wechselnde Sonderausstellungen. Für Kinder bietet es eine eigene Ministadt zum Spielen, das Barnens Museum.

Inom Vallgraven • Norra Hamngatan 12 • Straßenbahn: Brunnsparken • www.stadsmuseum.goteborg.se • Di–So 10–17, Mi 10–20 Uhr • Eintritt 40 SEK, Kinder frei

Hasselblad Center   ▶ S. 118, A 13

Die Kameras von Hasselblad sind nach eigenem Dafürhalten »die besten der Welt« – immerhin haben sie die amerikanischen Astronauten auf den Mond begleitet. Seit 1979 gibt es die Hasselblad-Stiftung, die wissenschaftliche Forschung und Fotografie fördert. Sie hat im Kunstmuseum Göteborg (▶ S. 72) mit dem Hasselblad Center ihren ständigen Ausstellungsraum, in dem mindestens fünf Ausstellungen von nordischen und internationalen Fotografen pro Jahr laufen, darunter am Ende jeden Jahres die Werkschau des Gewinners des begehrten, mit einer Million schwedischer Kronen dotierten Hasselblad-Preises.

Lorensberg • Götaplatsen • Straßenbahn: Valand, Bus: Götaplatsen •
www.hasselbladcenter.se • Di, Do
11–18, Mi 11–21, Fr–So 11–17 Uhr •
Eintritt 40 SEK

Idrottsmuseet
▶ S. 115, nordöstl. F 5

Wenn die Göteborger von Kviberg
sprechen, meinen sie die alte Kaserne.
Dort ist ein ganzes Museum dem
Sport gewidmet. In seiner Sammlung
beherbergt es rund 15 000 Stücke und
30 000 Fotografien. Das Museum
zeigt Ausstellungen zu lokalen und
nationalen Größen des Sports, etwa
dem Leichtathleten Eric Lemming,
der 1906 Schwedens erste olympische
Goldmedaille in Athen gewann.

Kviberg • Övre Kaserngården
Gebäude 7 • Straßenbahn: Kviberg •
www.idrottsmuseet.se • Mo–Fr 10–
15, Di bis 19, letzter Sa im Monat
10–14 Uhr • Eintritt 20 SEK

Kvibergs Museum
▶ S. 115, nordöstl. F 5

Im letzten Jahrhundert war das hier
angesiedelte Regiment eines der
wichtigsten der Stadt, bevor der Mi-
litärstützpunkt 1994 geschlossen
wurde. Heute rollt das Kviberg-Mu-
seum die militärische Geschichte der
Stadt vom 12. Jh. bis heute auf. In der
ehemaligen Pferdeklinik der Kaserne sind Kanonen, Feldküchen und
Uniformen ausgestellt.

Kvibergs Kaserne war im Kalten
Krieg, als auch das Aeroseum (▶
S. 71) entstand, vor allem für die
Luftabwehr zuständig.

Kviberg • Lilla Regementsvägen 33,
Gebäude 43 • Straßenbahn: Kviberg •
Do 12–16 Uhr, Führungen auch außerhalb der Öffnungszeiten nach An-
frage • Eintritt 20 SEK

Maritiman 🔟 👫
▶ S. 113, D 2

Göteborg ist Schwedens Seefahrerstadt. Klar, dass den Wasserfahrzeu-
gen deshalb auch ein eigenes Museum gewidmet ist. An der Packhusga-
tan liegen 20 zivile und militärische
Schiffe vertäut, Modelle aus dem
19. Jh. genauso wie aktuelle Boote. In
dem schwimmenden Museum gibt
es unter anderem den »Jäger Små-
land« zu erleben, die Enge im
U-Boot »Nordkaparen« auszuhalten
(Achtung, wer das U-Boot besichtigen möchte, muss durch enge Öff-
nungen klettern!) und hautnah zu
erleben, wie anstrengend es war, als
Koch in der engen Kombüse eines
Patrouillenbootes ein schmackhaftes
Mittagessen zuzubereiten. Natürlich
gibt es auch einiges zur Navigation
zu lernen. Und auf der Fähre »Dan
Broström« können Seebären im gemütlichen Café bei Kuchen und Kaffee eine Pause von der Seefahrt einlegen. Kleine Kinder bekommen zur
Sicherheit eine Schwimmweste.

Inom Vallgraven • Packhusplatsen 12 • Straßenbahn: Lilla Bommen •
www.maritiman.se • Mai–Sept. tgl.
10–18, April und Okt. Fr–So 10–
16 Uhr • Eintritt 90 SEK, Kinder 50 SEK

Medicinhistoriska Museet
▶ S. 113, E 2

In dem 200 Jahre alten Krankenhaus-
gebäude zeigt das Medizinhistorische
Museum Instrumente und medizini-
sche Ausrüstung seit dem 18. Jh. Es
widmet sich der medizinischen Entwicklung in der westlichen Welt von
der Antike bis heute. Das Museum
gehört zum Göteborger Universitäts-
krankenhaus Sahlgrenska.

Inom Vallgraven • Östra Hamngatan
11 • Straßenbahn oder Bus: Lilla
Bommen • www.sahlgrenska.se/

Das Universeum (▸ S. 77) ist ein Museum zum Anfassen im wahrsten Sinne des Wortes. Hier kann man nicht nur experimentieren, sondern auch Rochen streicheln.

museum • Di, Mi, Fr 11–16, Do 11–20 Uhr • Eintritt 40 SEK, Kinder 20 SEK

Naturhistoriska Museet
▸ S. 116, B 11

Das Naturhistorische Museum am Slottskogen ist das älteste Museum der Stadt. Es zeigt neben ausgestopften schwedischen Tieren auch Exemplare aus verschiedenen Teilen der Welt. Zu den besonders bekannten Ausstellungsstücken gehören der 1865 südlich von Göteborg gestrandete Malmska valen, der einzige ausgestopfte Blauwal der Welt, und der große südafrikanische Elefant.
Olivedal • Slottskogen am Linnéplatsen • Straßenbahn: Linnéplatsen • www.gnm.se • Di–So 11–17 Uhr • Eintritt 40 SEK, Kinder frei

Nostalgicum ▸ S. 115, nordöstl. F 5

So kribbelte in den 1950er- und 1960er-Jahren die pinkfarbene Himbeerbrause auf der Zunge, so schmeckten die Veilchenpastillen … und dann erst die Möbel und Tapeten! In der Nostalgicum-Wohnung kann man die 1950er-Jahre unter

dem augenzwinkernden Motto »Früher war alles besser« erleben.
Gamlestaden • Byfogdegatan 3 • Straßenbahn: Gamlestadstorget, Bus: Kristinedal • www.nostalgicum.se • Di–Fr 10–18, Sa 12–15 Uhr • Eintritt 50 SEK, Kinder frei

Das Världskulturmuseet (▸ S. 77) ist auch architektonisch interessant.

Ostindiska Huset
▸ Göteborgs Stadsmuseum, S. 73

Radiomuseet   ▸ S. 112, A 2

Das von einer Stiftung betriebene Radiomuseum zeigt alles zur Geschichte des Rundfunks. Technikinteressierte mit einem Hang zur Nostalgie finden hier alles, was ihr Herz begehrt: alte Radioapparate, selbst gebaute Amateurfunkstationen von den 1920er-Jahren bis heute und Radios aus dem militärischen Dienst.

Lundbystrand • Anders Carlssons Gata 2 • Bus: 16 Regnbågsgatan, Fähre: 180 Älvsnabben: Lindholmspiren • www.radiomuseet.se • Di, Do–So 12–15, Mi 12–20 Uhr • Eintritt 50 SEK, Kinder frei

Röhsska Museet   ▸ S. 113, F 4

Das 1916 von den Brüdern Röhss gegründete Museum für Design, Mode und Kunsthandwerk beherbergt in einem massigen Backsteinbau verschiedene Abteilungen. Hier gibt es Design von 2000 v. Chr. bis heute zu sehen – Möbel, Keramik, Glas, Textilien und Druckereierzeugnisse. Neben einer Dauerausstellung zur Formgeschichte der letzten 150 Jahre, Möbeln und Gebrauchsgegenständen aus dem 18. Jh. sowie einem Japan- und einem China-Schwerpunkt zeigt das Museum wechselnde Ausstellungen zu aktuellen und historischen Design-Themen. Das Röhsska-Museum hat neben einem guten Museumscafé mit Mittagstisch auch einen lohnenswerten Design-Shop.
Vasastaden • Vasagatan 37–39 • Straßenbahn: Valand • www.designmuseum.se • Di 12–20, Mi–Fr 12–17, Sa, So 11–17 Uhr • Eintritt 40 SEK, Kinder frei

Sjöfartsmuseet Akvariet 👫
    ▸ S.112, westl. A 4

In einer Stadt, die so eng mit dem Meer verknüpft ist wie Göteborg, dürfen ein klassisches Seefahrtsmuseum und ein Aquarium natürlich nicht fehlen. Das Museum erzählt seit 1913 vom Leben über, unter und an der Wasseroberfläche. Man kann mit einem alten Seebären an Bord eines Segelschiffs gehen und etwas über die großen Häfen der Welt lernen. Im angegliederten Aquarium lässt sich die schwedische Westküste mit Rothaien und Dorschen ebenso erleben wie ein tropisches Korallenriff. Besonders beliebt sind die kleinen Seepferdchen.

Der wie das Gebäude gelb geklinkerte Turm vor dem Museum ist ebenfalls einen Blick wert: Der Sjömanstornet, der Seemannsturm, ist ein Denkmal für die annähernd 700 Seeleute, die während des Ersten Weltkriegs ums Leben kamen. Eine Treppe und ein Fahrstuhl führen zur Aussichtsplattform in 49 m Höhe, darüber schaut die Bronzeskulptur »Die Frau am Meer« von Ivar Johansson mit wehenden Röcken in die Ferne.

Stigberget • Karl Johansgatan 1–3 • Straßenbahn: Stigbergstorget • www.sjofartsmuseum.goteborg.se – Museum: Di–So 10–17, Mi 10–20 Uhr • Eintritt 40 SEK, Kinder frei – Turm: April–Sept. So 13–15 Uhr • Eintritt 30 SEK, Kinder 20 SEK

Universeum 🔆 👫   ▶ S. 118, C 13

Das Universeum ist ein modernes und spannendes Erlebnis-Museum gleich neben dem Vergnügungspark Liseberg, das Interesse an den Naturwissenschaften wecken will. Und mehr noch: Es ist auch Wissenschaftszentrum, Experimentierabteilung, Botanischer Garten, Zoo und Aquarium. Und ein riesiger Spielplatz. Die ganze Familie kann hier die Welt der Naturwissenschaft auf sieben Etagen und rund 7000 qm entdecken und dabei jede Menge Spaß beim Ausprobieren und Anfassen haben. Es lässt seine Besucher unter einer riesigen Glaskuppel durch echten Regenwald streifen oder dem Lauf des Wassers aus der Gletscherregion bis in den Ozean folgen und dabei zusehen, wie sich die Tierwelt verändert. Mutige streicheln einen Rochen im Aquarium oder stehen im gläsernen Tunnel Haien Aug' in Aug' gegenüber. Kleine Forscher können außerdem das Sonnensystem erforschen und an Seilen befestigt Schwerelosigkeit testen. Tipp: Da man nach ein paar Stunden garantiert noch lange nicht alles gesehen hat, sollte man gleich eine 2-Tages-Karte kaufen.

Heden • Södra Vägen 50 • Straßenbahn: Korsvägen • www.universeum. se • tgl. 10–18 Uhr, in den Schulferien länger geöffnet • Eintritt 160 SEK, Kinder 99 SEK, 2-Tagesticket 195 SEK, Kinder 135 SEK

Världskulturmuseet   ▶ S. 118, C 13

Globalisierung und Heimat in einer sich stetig verändernden Welt – was bedeutet das für den Einzelnen? Dieser Frage geht das Weltkulturmuseum nach. Das ebenso schlichte wie beeindruckende Gebäude aus Glas, Beton und Stahl der Londoner Architekten Cécile Brisac und Edgar Gonzales hat mehrere Architekturpreise gewonnen und ist ein kulturelles Highlight Göteborgs, das auch junge Menschen anspricht: Mehr als die Hälfte seiner Besucher ist unter 30 Jahre alt. Das Världskulturmuseet ist eines der bestbesuchten Museen der Stadt, nicht zuletzt wegen seiner modernen, oft interaktiven Darstellungsformen und eines spannenden Begleitprogramms. Das Museum, ausgezeichnet als Schwedisches Museum des Jahres 2009, versteht sich als lebendige Diskussions- und Reflexionsplattform für Fragen des gesellschaftlichen Zusammenlebens und der globalen Kulturen. An den

Familiensamstagen bietet es von Ausdruckstanz bis zu Textilgestaltung im japanischen Kawaii-Stil immer wieder Neues zum Mitmachen. An Mittwochabenden wird die raumfüllende breite Treppe zum Kinosaal für Videokunst.

Heden • Södra Vägen 54 • Straßenbahn: Korsvägen • www.varldskulturmuseet.se • Di, Fr–So 11–17, Mi, Do 21–21 Uhr • Eintritt frei, für Sonderausstellungen unterschiedliche Eintrittspreise

Volvo Museum

> S. 112, nordwestl. A 1

Wer an Produkte aus Schweden denkt, denkt an Ikea, H&M – und Volvo. Seit 1927 hat der Konzern die typisch schwedischen Autos in Göteborg gebaut, bis 1999 Ford diesen Bereich übernahm. Heute laufen hier Nutzfahrzeuge und Baumaschi-

MERIAN-Tipp 10

RÖDA STEN > S. 116, westl. A 11

Außen mit Graffiti besprüht, bietet der klotzige Bau, ein früheres Heizkraftwerk, eine Galerie, alternative Ausstellungsfläche, Kneipe und Bühne. Der namensgebende rote Stein liegt rechts vor dem Gebäude – wenn er denn gerade rot ist, denn die Göteborger machen sich einen Spaß daraus, ihn in Nacht- und Nebelaktionen in einer anderen Farbe zu bepinseln. Natürlich wird er danach jedes Mal wieder rot gestrichen.

Sanna • Röda Sten 1 • Straßenbahn: Vagnhallen Majorna • www.rodasten.com • Di–So 12–17, Do 12–19 Uhr

nen vom Band. Auf 6000 qm zeigt das Volvo Museum rund 100 Fahrzeuge und Motoren, darunter auch den ersten Volvo ÖV 4.

Torslanda/ Lundby • Volvo Arendal, Arendal Skans • Straßenbahn: Eketrägatan, danach Bus 32: Arendal Skans • www.volvomuseum.se • Di– Fr 10–17, Mi 10–18, Sa, So 11–16 Uhr • Eintritt 50 SEK, Kinder 20 SEK

GALERIEN

Art Now Gallery

> S. 117, F 9

Auf moderne und zeitgenössische schwedische wie internationale Künstler hat sich die gediegene Art Now Gallery am Vasapark spezialisiert, darunter Dalí, Warhol, Kessler und Picasso.

Vasastaden • Götabergsgatan 32 • Straßenbahn: Vasaplatsen • www.artnowgallery.se • Di–Fr 12–18, Sa 12–16 Uhr

Galleri Anna H.

> S. 117, F 9

Die Galerie Anna H. steht für kreatives Kunsthandwerk. Hier stellen wechselnde Künstler ihre Keramik, Goldschmiedearbeiten oder künstlerischen Textilien aus.

Vasastaden • Aschebergsgatan 19 • Straßenbahn: Vasaplatsen • www.galleriannah.se • Mi–Do 12–17, Fr–So 12–15 Uhr

Galleri Konstepidemin

> S. 116, C 11

Die Galerie der experimentellen »Kunstepidemie« liegt auf dem Ge-

Die Vasa Konsthall (▶ S. 79) fördert vor allem Göteborger Nachwuchskünstler. In den Wechselausstellungen kann man immer wieder die Trends von morgen entdecken.

lände eines ehemaligen Krankenhauses für Seuchenkranke. Heute arbeiten hier Kreative und Künstler in ihren Ateliers. Die Galerie besteht aus mehreren Ausstellungsräumen, die Platz für Experimente und die ganze Bandbreite der hier gezeigten Kunst bieten.
Olivedal • Konstepidemins Väg 6 • Straßenbahn: Linnéplatsen • www.konstepidemin.se • Di–Do 12–17, Fr–So 12–16 Uhr

Göteborgs Konstföreningen

▶ S. 114, A 8

Göteborgs Kunstverein von 1854 hat seit jeher einen starken Einfluss auf die Kunstszene der Stadt. Kunsthalle, Kunstmuseum und Valands Kunstschule haben hier ihre Wurzeln. In den Galerien des Kunstvereins sind Malerei, Zeichnungen, Skulpturen, Grafik, Textil, Design, Keramikarbeiten und Fotografien zu sehen. Viele Veranstaltungen, Vorträge und Führungen.
Heden • Södra Vägen 2 • Straßenbahn: Berzeliigatan • www.gote borgskonstforening.org • Di–Do, Sa, So 12–16 Uhr

Vasa Konsthall   ▶ S. 117, F 10

Die Vasa Kunsthalle, mitten im Uni-Viertel gelegen, versteht sich als Treffpunkt und Inspiration für alle Kunstschaffenden und -begeisterten. Die Ausstellungen von meist lokalen Nachwuchskünstlern wechseln regelmäßig alle zwei Monate, der Eintritt ist frei.
Vasastaden • Läraregatan 3 • Straßenbahn: Kapellplatsen • www.vasa kosthall.se • Di–Do 12–18, Fr 12–17, Sa, So 12–16 Uhr

Göteborg kann nicht nur zu Fuß, sondern auch gut mit dem Rad erkundet werden. Ob Radtour oder Spaziergang, das Arbeiterviertel Haga (▶ S. 56) ist immer sehenswert.

Spaziergänge
und Ausflüge

Die Highlights liegen innerhalb des Wallgrabens, und
das Arbeiterviertel Haga muss man erlebt haben.
Im Umland warten Bäderarchitektur und Festungen.

Inom Vallgraven – Wo Göteborg am ältesten ist

CHARAKTERISTIK: Rundgang durch den ältesten Teil Göteborgs. Die historischen Plätze und Gebäude innerhalb des Wallgrabens sind ein Muss für jeden Göteborg-Besucher **DAUER:** ca. 2 Stunden **LÄNGE:** 2,5 km **EINKEHRTIPP:** Café Brogyllen (▸ S. 23) , Västra Hamngatan 2, Tel. 13 87 13, www.brogyllen.se

KARTE ▸ S. 113, E 3

Die ältesten Teile Göteborgs befinden sich innerhalb des Wallgrabens am Fluss Göta Älv. Hier kann man zahlreiche historische Gebäude sehen und bekommt auch einen Eindruck davon, wie im 17. Jh. holländische Stadtplaner die Flussaue durch ein ausgeklügeltes Entwässerungssystem bewohnbar gemacht haben.

Kungsportsplatsen ▸ Gustav Adolfs Torg

Der Innenstadt-Spaziergang beginnt am **Kungsportsplatsen**, wo Sie auch die Tourist-Information finden. Auf dem Platz steht das riesige Denkmal von Stadtgründer Karl IX. Gustav auf seinem Hengst, von den Göteborgern augenzwinkernd »Kopparmärra«, Kupferstute, genannt – zumindest gründete der König um 1600 den vierten Vorläufer des heutigen Göteborgs, der allerdings wie seine Vorgänger bald durch feindliche Dänen wieder zerstört wurde. Über die Östra Hamngatan laufen Sie am Straßenbahn-Knotenpunkt **Brunnsparken** vorbei, immer das große Riesenrad unten am Fluss im Blick, bis zum **Gustav Adolfs Torg**. Der junge Visionär König Gustav II. Adolf sah erstmals die Vorteile eines Handels- und Wissensaustauschs für Schweden und beschloss, Göteborg gut abgesichert mit Meereszugang neu aufzubauen. 1621, das Jahr, in dem Gö-

teborg die Stadtrechte bekam, gilt als offizielles Gründungsjahr. An dem großen Platz liegen das Rathaus, die Börse und die Stadtverwaltung.

Gustav Adolfs Torg ▸ Ostindiska Huset

Weiter geht es an Nordstan entlang, einem der größten Shoppingcenter Europas. Schließlich stehen Sie vor dem **Göteborgshjulet**, dem Riesenrad mit Aussicht aus 60 m Höhe. Rechter Hand befindet sich die aktuelle Stadtentwicklungsausstellung Älvrummet, schräg links das architektonisch spannende Opernhaus Göteborgsoperan. Auf dem Kunstrasen unter dem Riesenrad ist im Sommer immer etwas los, dahinter schaukeln im Gasthafen Lilla Bommen Yachten. Das markant rot-weiße, Lippenstift genannte Hochhaus mit dem Aussichtscafé Göteborgs Utkiken ist im Hintergrund rechts zu sehen. Sie gehen an der Oper entlang bis zum schwimmenden Museum **Maritiman** 🔴**8** mit seinen 20 Schiffen. Auf der himmelblauen Brücke überqueren Sie anschließend linker Hand die Straße. Weiter durch die Smedjegatan, links in die Kronhusgatan, liegt rechts das rot geklinkerte **Kronhuset** 🔴**5**. 1654 im holländischen Stil fertiggestellt, ist es eines der ältesten erhaltenen Häuser Göteborgs. Früher tagte hier der Reichstag. Die **Kronhusbodarna** 🔴**5** in den

Die Tyska Kyrkan (▸ S. 66) aus dem 17. Jh. wurde für deutsche Einwanderer erbaut, und auch heute noch werden hier deutsche Gottesdienste abgehalten.

kleinen gelben Häusern im Hof beherbergen heute verschiedene Handwerker. Der Tyggårdsgatan folgend, gelangen Sie zum alten **Ostindiska Huset** mit dem **Stadsmuseum**. Hier hatte einst die Göteborger Ostindienkompanie ihren Sitz, die im 18. Jh. durch Handel bis China großen Reichtum in die Stadt brachte.

Ostindiska Huset ▸ Stora Saluhallen

Der Hamngatan nach links folgend sehen Sie die gelbe Christinae oder **Tyska kyrkan**, für deutsche Einwanderer im 17. Jh. gebaut und bis heute Sitz der deutschen Kirchengemeinde. Hier überqueren Sie auf der Tyska Bron den breiten **Stora Hamnkanalen**. Rechts am Wasser entlang geht es auf der Södra Hamngatan bis zur nächsten Brücke, der Kämpebron. Blickt man von ihr aus in Richtung Fluss, liegt hinter der nächsten Brücke der **Stenpiren**, von dem früher die Auswanderer-Schiffe gen Amerika ablegten. Stadteinwärts regelte die große Schranke, »Stora Bommen«, Zollangelegenheiten für ankommende Waren. Links in der Västra Hamngatan stehen die **Antikhallarna**, ein zweigeschossiger Markt für Antiquitäten und Sammlerstücke. Sie folgen der Straße, bis linker Hand die **Domkyrkan** aufragt. Geplant und gebaut von Göteborgs großem Architekten C.W. Carlberg, sind in der Domkirche heute häufig Konzerte zu hören.

Über die hinter dem Dom liegende Kungsgatan gehen Sie bis zur kreuzenden Korsgatan, dort rechts in Richtung Wallgraben weiter bis zum **Kungstorget**. Der Platz wird von der **Stora Saluhallen** mit der gemusterten Ziegelfassade dominiert. Göteborgs Markthalle von 1889 zieht Genießer aus der ganzen Stadt an, denn hier gibt es lokale Spezialitäten genauso wie exotische Köstlichkeiten und mittags ein breites Lunch-Angebot, im Sommer auch im Freien.

Von der Feskekörka bis Slottskogen – Vom Zentrum ins Grüne

CHARAKTERISTIK: Vom Wallgraben über Haga und Linnégata bis zu Göteborgs Naherholungsoase Slottskogen **DAUER:** ca. 2 Stunden **LÄNGE:** 3 km **EINKEHRTIPP:** Hos Pelle (▸ MERIAN-Tipp, S. 20), Djupedalsgatan 2, Tel. 12 10 31, www.hospelle.com €€€

KARTE ▸ S. 112, C 4

Einen Besuch des pittoresken Arbeiterviertels **Haga** ✡ sollte man auf keinen Fall versäumen. Der alte Stadtteil hat seinen ganz eigenen Charme. Die angrenzende Linnégatan ist vor allem am Abend ein beliebter Treffpunkt der Göteborger zum Essen und Ausgehen.

Feskekörka ▸ Haga Nygata
Ein schöner Spaziergang bis hinauf zum Stadtpark Slottskogen startet an der **Feskekörka** ✡, übersetzt Fischkirche. Die Verkaufshalle für Fisch und Schalentiere stammt aus dem Jahr 1874 und erinnert tatsächlich verblüffend an einen Kirchenbau – zweifelsohne auch ein Hinweis auf das Verhältnis der Göteborger zum Meer. Wenn Sie einen Blick hineingeworfen haben, überqueren Sie auf der Rosenlundsbron den alten Wallgraben. Geradeaus ragt die **Hagakyrkan** auf einem grünen Hügel in den Himmel. Die 1859 eingeweihte Kirche war eigentlich nur als Erweiterung für die zu klein gewordene Domkirche gedacht, aber die Arbeiter aus Haga beanspruchten sie bald für eine eigene Gemeinde. Früher lag an dem parkähnlichen Gelände übrigens ein Steinbruch, daran erinnert noch die Straße Sprängkullsgatan, die Sie nun Richtung **Haga Nygata** überqueren. Nehmen Sie sich Zeit, schlendern Sie gemütlich durch die kopfsteingepflasterte Fußgängerzone mit ihren restaurierten Holzhäusern und Lädchen. Hier finden sich zahlreiche Cafés für der Schweden liebstes Hobby »Fika«, Kaffeepause. Übrigens: Nicht wundern, wenn selbst kurz vor dem Gefrierpunkt noch Tische und Stühle draußen vor den Cafés stehen. Die Göteborger lieben es, im Freien zu sitzen – notfalls mummelt man sich eben in eine der bereitliegenden Decken ein.

Haga Nygata ▸ Konstepidemin
An der Landvägsgaten gehen Sie rechts hinab zum **Järntorget** mit seinem markanten Springbrunnen. Von hier gehen Sie links die Linnégatan hinauf. Werfen Sie einen Blick in die gegenüberliegenden Langstraßen, etwa die **Andra Långgatan** mit ihren szenigen Läden und alternativen Kneipen. Wenige Meter weiter steht an der **Linnégatan** das alte rote Backsteingebäude Hagabion mit einem Kino und Café. Bistros und Restaurants säumen jetzt vermehrt die Fußwege, denn in die Linnégatan kommen die Göteborger gern am Abend zum Essen und Freundetreffen. Nach etwa 400 m biegen Sie links in die ansteigende Djupedalsgatan, an deren Ende Sie dem Weg hinauf zur Festung **Skansen Kronan** folgen. Die Schanze aus dickem Granit diente bei ihrer Gründung Ende des 17. Jh. als Wehranlage gegen die Dänen, wurde später aber auch als

Gefängnis und Obdachlosenheim genutzt. Gehen Sie einmal rundherum und genießen Sie den tollen Ausblick auf Stadt und das gegenüberliegende Flussufer, bevor Sie auf die Linnégatan zurückkehren. Die Straße hat ihre besondere Atmosphäre auch durch die schönen alten Steinhäuser mit ihren verschnörkelten Balkonen. Bleiben Sie auf der linken Straßenseite und laufen Sie weiter bis zum Linnéplatsen. Schräg rechts vor sich sehen Sie schon den **Slottskogen**, den Schlosspark.

Überqueren Sie aber zuvor noch linker Hand die Övre Husargatan und biegen Sie direkt geradeaus in den Konsepidemins väg ein, dem Sie bis zu den hellen Stein- und Holzgebäuden der **Konstepidemin** hinauf folgen. Früher ein Seuchenkrankenhaus, arbeiten hier heute mehr als 100 Künstler in ihren Ateliers – Maler, Bildhauer, Schriftsteller und Designer. Eine große Tafel neben dem Restaurant Blå Huset gibt Auskunft, wen man wo findet. Wenn Sie Lust haben, besuchen Sie doch die kreative Galerie auf dem Gelände.

Konstepidemin ▶ Naturhistoriska Museet

Wer genug künstlerische Luft geschnuppert hat, dreht um und folgt vom Linnéplatsen dem Weg im Slottskogen zum **Naturhistoriska Museum** – das große blaue Schild in Walform begrüßt die Besucher gleich am Parkeingang. Das Naturhistorische Museum zeigt ausgestopfte nordische Tiere und einige Exemplare aus aller Welt. Seine besondere Attraktion ist der präparierte Blauwal, der im 19. Jh. vor der schwedischen Westküste strandete. Wer jetzt nach den vielen Stadtansichten mehr Lust auf ein wenig Grün hat, ist hier im weitläufigen Schlosspark ebenfalls genau richtig. Die Grünanlage bietet auch ein Restaurant und mehrere Cafés.

Der Slottskogen (▶ MERIAN-Tipp, S. 66) ist eine der vielen Grünflächen Göteborgs. Sehr beliebt ist er als Treffpunkt, für Picknicks und ausgedehnte Spaziergänge.

Avenyn und Trädgårdsföreningens Park – Kultur und Natur ganz nah

CHARAKTERISTIK: Von Göteborgs kulturellem Mittelpunkt Götaplatsen über die Shopping- und Ausgehmeile Avenyn bis in die grüne Innenstadt-Oase Trädgårdsföreningens Park **DAUER:** ca. 1 Stunde, mit Besuch der Gewächshäuser länger **LÄN-**

 **GE:** 2 km **EINKEHRTIPP:** Rosenkaféet (▸ MERIAN-Tipp, S. 23) im Park, Slussgatan 1, Tel. 80 29 70, www.rosenkafeet.se
KARTE ▸ S. 118, A 13

Wer nicht einmal die Avenyn entlanggeschlendert ist, war nicht richtig in Göteborg. Ein Spaziergang, der zahlreiche kulturelle Highlights Göteborgs streift und in fast paradiesischer Idylle endet, beginnt am **Götaplatsen**. Der Platz mit seiner dominanten Neptun-Statue wurde zu Beginn des letzten Jahrhunderts anlässlich des 300-jährigen Stadtjubiläums gebaut und symbolisiert bis heute Göteborg wie kein anderer Ort in der Stadt. Von hier hat man einen schönen Blick die **Kungsportsavenyn** hinab in Richtung des ältesten Stadtviertels Inom Vallgraven. Doch zuerst heißt es sich hier oben umschauen: Rund um den Platz liegen mit dem gelb geklinkerten Konserthuset, dem mit mächtigen Säulen geschmückten, oben am Platz thronenden Konstmuseum mit dem Hasselblad Center, dem Stadsteatern, dem Lorensbergteatern und der Stadsbiblioteket gleich sechs bedeutende Kultureinrichtungen. Auch die **Artisten Musikhögskolan**, die zur Universität Göteborg gehörende Hochschule für Bühne und Musik, liegt in direkter Nähe. Für das hochkarätige Kunstmuseum und das sehenswerte Hasselblad Center für Fotografie sollten Sie aber ein anderes Mal mit mindestens zwei Stunden Zeit wiederkommen.

Götaplatsen ▸ Stora Teatern

Genießen Sie den Blick auf die breite Prachtstraße Kungsportsavenyn, bevor Sie den Götaplatsen verlassen und die Avenyn, wie die Straße meist nur knapp genannt wird, hinabgehen. Im oberen Teil der Ausgehmeile – deren Fußwege übrigens im Winter beheizt und damit immer schneefrei sind – finden sich zahlreiche Bars und Restaurants, weiter gen Innenstadt kommen immer mehr Modegeschäfte dazu – von H&M bis zu Luxuslabels. Architektonisch mischen sich die alten Steinhäuser mit neueren Fassaden. Etwa mittig auf der Avenyn liegt an der Kreuzung zur Vasagatan die Straßenbahnstation Valand. Gleich um die Ecke befinden sich die Kunsthochschule Valand und das sehenswerte Röhsska Museet für Design. Während Sie bis zum grünen Wallgraben mit dem **Stora Teatern**, dem Großen Theater, weiterwandern, wird deutlich, dass die Avenyn die Top-Adresse der Stadt zum Ausgehen ist. Hier trifft man sich zum Essen oder auf einen Drink, bevor es weiter durch die Clubs und Bars geht.

Stora Teatern ▸ Trädgårdsföreningens Park

An der kreuzenden Nya Allén halten Sie sich beim Standbild des lesenden Erfinders John Ericsson am Charles

Das idyllische Rosenkaféet (▶ MERIAN-Tipp, S. 23) hat nur in der Sommersaison geöffnet. Hier gibt es neben Kaffee und Kuchen auch Hausmannskost wie Köttbullar.

Felix Lindbergs Plats rechts und gelangen zum Eingang des **Trädgårdsföreningens Park** 7. Hier sind in den Sommermonaten am Café Grindstugan 20 SEK Eintritt zu entrichten. 1842 eröffnet, ist der gepflegte Park sehr beliebt bei den Göteborgern, nicht zuletzt wegen seiner citynahen Lage. Viele verbringen hier ihre Mittagspause oder treffen sich zur Kaffeepause. Neben den geschmackvoll angelegten Beeten sehen Sie im Park auch viele Kunstwerke. Folgen Sie dem Hauptweg bis zu dem großen Rondell mit Springbrunnen und dem wie ein Riegel wirkenden Restaurant. Links vor sich sehen Sie schon das gläserne viktorianische Gewächshaus **Palmhuset** von 1878, das dem Londoner »Crystal Palace« nachempfunden ist. Wer Zeit hat, sollte unbedingt einen Blick hineinwerfen: Kaum hat sich die Tür geschlossen, sind Sie mittendrin in der exotischen Pflanzenwelt aus fünf feuchtwarmen Klimazonen, mit großen Palmen und üppig blühenden Büschen. Mit etwas Glück sehen Sie sogar die gigantische Amazonas-Seerose Victoria blühend: Sie öffnet sich nur an zwei aufeinanderfolgenden Nächten, erst weiß, dann rosa. Zwischen den Wasserpflanzen schläft seit 60 Jahren die Steinskulptur »Tummelisa« von Stig Blomberg, das Däumelinchen aus Hans Christian Andersens Märchen. Draußen liegt gleich nebenan das ökologisch gepflegte **Rosarium** mit mehr als 2000 Rosensorten. Passend dazu lädt das **Rosenkaféet**, ein braunes, altmodisches Holzhaus mit herrlicher Sonnenterrasse, zu Kaffee und Kuchen ein. Lassen Sie in lauschigen Sitzecken zwischen Büschen die schöne Anlage noch einmal auf sich wirken, bevor Sie zum Eingang und in die Stadt zurückkehren.

AUSFLÜGE IN DIE UMGEBUNG
Göteborgs Schärengarten **10**

CHARAKTERISTIK: Bootsausflug auf eine oder mehrere Schären in der Mündung des Göta Älv. Dort kann man baden, wandern, picknicken und Seevögel beobachten.
ANFAHRT: Straßenbahn 30 Min., Fähre 15 Min. (Asperö), 60 Min. (Vrångö), Fähren mehrmals täglich, www.vasttrafik.se **DAUER:** Tagesausflug **LÄNGE:** Rundwanderung ins Naturreservat ca. 2,5 km **EINKEHRTIPP:** Andreas Fisk & Rök, Hamnplan,

Vrångö am Fischereihafen und Ableger am Fähranleger, Mo–Fr 9.30–18.30, Sa 9.30–17, So 9.30–15 Uhr, www.fiskeboa-vrango.se
AUSKUNFT: www.styrsobolaget.se

Ein Ausflug auf die Schären vor Göteborg ist ein Trip in eine andere Welt: Eben noch das bunte, laute Leben in der Großstadt, nun die oft raue See, der frische Wind und das Kreischen der Möwen auf den autofreien Inseln. Fahren Sie aus Göteborg mit der Straßenbahn 11 (im Sommer auch die 9) rund eine halbe Stunde bis zum Fähranleger Saltholmen hinaus.

Saltholmen ▸ Vrångö
Hier legen die Fähren der »Styrsöbolaget« im Auftrag von »Västtrafik« ab – es gelten also die gleichen Fahrkarten wie in der Stadt. Sie fahren auf die Göteborg vorgelagerten Schären im Kattegatt, die sich zusammen Södra Skärgården nennen.

Vrångö, rund eine Stunde Fährfahrt von Göteborg entfernt, ist für Sonnenhungrige wie für Naturfreunde ein besonders lohnendes Ausflugsziel. Auf der südlichsten Schäreninsel, die von den Fähren angelaufen wird, locken vor allem die lang gestreckten Sandstrände viele Göteborger an. Entsprechend voll können die Fähren in den Sommerwochen sein. Das Meerwasser ist herrlich klar und deshalb auch ideal für kleine Kinder. Doch auch Naturfreunde sind auf Vrångö richtig,

denn große Teile der Insel sind als Naturreservat geschützt.

Mittviksvägen ▸ Fischereihafen
Biegen Sie am Anleger vom Mittviksvägen links in den Nötholmsvägen ab. Nach ein paar Hundert Metern liegt hier in der sandigen Bucht Nötholms Vik ein schöner Badestrand. Naturfreunde lassen den Strand links liegen und folgen dem markierten Pfad weiter nach Kungssund ins Naturreservat. Eiszeitliche Gletscher haben hier die Felsen rund geschliffen, sodass Besucher herrliche Plätze mit Meeresblick finden. Gleich danach duftet es wieder nach Nadelwald mit typisch schwedischer Flora und Fauna. Ein paar Hundert Meter weiter ändert sich die Landschaft schon wieder und wird zur kargen Sandlandschaft mit Heidekraut. Der Rundweg durch das Reservat endet im Ort Vrångö in der Mitte der Insel, wo Sie das Wahrzei-

Die Auswahl fällt schwer: Wo will man denn hin in Göteborgs Schärengarten (▶ S. 88)? Schön ist es überall, und die Fähren fahren recht oft und regelmäßig.

chen der Insel, das frühere kleine rote Lotsenhäuschen »Utkiken«, sehen. Abschließend sich noch im Fischereihafen mit einem Baguette mit Vrångöröra, einer würzigen Krabbenzubereitung, frisch geräucherter Makrele oder auch mit Eis oder Kaffee stärken… Die Fähre zurück nach Göteborg legt wieder an der anderen Seite des Ortes ab.

Fähranleger Saltholmen ▶
Südlicher Schärengarten

Einen Besuch wert sind auch die anderen Inseln des südlichen Schären-gartens: **Asperö** mit dem kleinen Heimatmuseum, **Brännö** mit der Badebucht Gröna Vik, die weitgehend unberührte Insel **Vargö**, auf die Sie allerdings auch Ihre gesamte Verpflegung mitbringen müssen, **Styrsö** mit gleich drei Fähranlegern oder **Donsö**, auf der mehr als zehn lokale Reedereien ihren Sitz haben.

Auf der Website von Västtrafik finden Sie alle Fahrpläne. Stellen Sie sich einfach Ihre Lieblingstour nach eigenen Vorlieben und Zeitvorstellungen zusammen.

Sommerfrische in Marstrand

CHARAKTERISTIK: Sommerausflug ins Städtchen Marstrand. Seebad mit hübscher Bäderarchitektur **DAUER:** Tagesausflug **ANFAHRT:** Regionalzug ab Göteborg Hauptbahnhof bis Kungälv, dann Bus 312 nach Marstrand (stündlich, 50 km, Reisezeit ca. 1 Std.), Einzelticket 40,90 SEK **EINKEHRTIPP:** Bergs Konditori, Hamngatan 9, Marstrand, Tel. 03 03/6 00 96, www.bergskonditori.com **AUSKUNFT:** Marstrands Touristinformation, Hamngatan 33 (an der Fähre), Juni–Aug. Mo–Fr 10–18, Sa, So 11–17 Uhr. Kajaks: www.marstrandskajaker.se, Festung: Juni–Aug. tgl. 11–16 Uhr, 75 SEK (Kinder 25 SEK), www.carlsten.se

Die typische Bäderarchitektur vermittelt das richtige Urlaubsgefühl.

Ein klassisches Sommerziel ist das Städtchen Marstrand. Die kleinste Stadt Västra Götalands liegt rund 50 km nordwestlich von Göteborg auf den Inseln Koön und Marstrandsön. Beide sind über eine Reihe von Inseln über Brücken mit dem Festland verbunden. Diese besondere Lage war es, die das frühere Fischerdorf zu einem mondänen Badeort machte. Marstrands Geschichte lässt sich bis ins 13. Jh. zurückverfolgen. Damals tauchte der Ort erstmals in den Schriften auf. Die Bewohner lebten vom Hering, der hier regelmäßig in großen Schwärmen durch den Skagerrak zieht. Noch heute erinnert das Stadtwappen mit drei Heringen, die um einen Stern schwimmen, an die Quelle des Reichtums. Tatsächlich war Marstrand im 16. Jh. einer der reichsten Orte Schwedens. Von hier aus verschiffte man die Heringe bis zum europäischen Festland. Als die Heringsschwärme dann Mitte des 19. Jh. ausblieben, richtete man in einer ehemaligen Heringssalzerei ein Warmbadehaus ein: Der Grundstein für das Seebad war gelegt. Als dann 1887 König Oscar II. mit seiner prächtigen Yacht im geschützten Naturhafen anlegte und dies regelmäßig wiederholte, zog es mehr und mehr Prominenz in den Ort. Neue Häuser in der damals aktuellen Bäderarchitektur entstanden. Noch heute strahlen die hellen, mit geschnitzten Ornamenten verzierten Holzhäuser im Sommerlicht. Besonders hübsch ist die Silhouette der pastellfarbenen Häuser vom Wasser aus. Mit einer Fähre, die alle 15 Minuten hin- und herpendelt (wenn Sie mit dem Bus gekommen sind, gilt das Ticket auch auf der Fähre), gelangen Sie in wenigen Minuten auf die Marstrandsön. Auf dieser Insel liegt die sehenswertere Hälfte des Ortes.

Kai ▸ Carlstens Fästning

Flanieren Sie am kopfsteingepflasterten Kai entlang und durch die

Straßen im mittelalterlichen Grundriss, genießen Sie ein Eis oder Kuchen vor den freundlichen Holzhäusern. Über das Städtchen wacht immer gut sichtbar die trutzige Festung **Carlstens Fästning**, die Sie nicht verfehlen können, wenn Sie die Kungsgatan hinaufgehen. Vor mehr als 300 Jahren als Schutz gegen die Dänen gebaut, ist die dunkelgraue Burg heute das Wahrzeichen Marstrands. Bis 1991 war hier noch Militär stationiert. Heute beherbergt die Festung neben einem Museum auch ein Restaurant und ein Hotel. Einen tollen Rundumblick auf Marstrand und die vielen vorgelagerten Inselchen haben Sie vom 96 m hohen Burgturm. Im Hochsommer locken die Festungsspiele immer besonders viel Publikum in die Burg. Dann bollern die Kanonen und patrouillieren historisch gekleidete Soldaten.

Carlstens Fästning ▸ Kirche

Gleich unterhalb der Burganlage liegt Marstrands Kirche, ein schlichtes weißes Gotteshaus mit grünem Kupferdach. Die einschiffige Hallenkirche ist das letzte erhaltene Gebäude aus dem frühen Mittelalter. Sie wurde von 1270 bis 1319 erbaut und zeigt sich auch innen sehr ruhig und schlicht. Sehr zu empfehlen ist eine etwa eineinhalbstündige Rundwanderung um die Insel **Marstrandsön**. Ein befestigter Weg führt am Meer entlang, zwischendurch finden sich immer wieder kleine Buchten zum Picknicken und Baden. Wer mag, kann die Insel auch im Kajak umpaddeln.

Draußen auf dem Wasser schaukeln derweil die Yachten der Reichen und Schönen, die in Marstrand im Sommer gern vor Anker gehen. Doch Marstrand ist trotzdem kein Ort der Superreichen, sondern ein wirklich lohnendes Ausflugsziel, vor allem in den hellen Sommermonaten. Übrigens: In Marstrand spielen die Krimis von Ann Rosman, einer neuen schwedischen Krimi-Entdeckung.

Hoch über dem hübschen Seebad Marstrand thront die mächtige dunkle Burg Carlstens Fästning (▸ S. 91), die Marstrand einst gegen die Dänen schützen sollte.

Bohus Fästning Kungälv

CHARAKTERISTIK: Entdeckertour zur mächtigen Festung Bohus an der ehemaligen norwegisch-schwedischen Grenze in Kungälv **DAUER:** Halbtagesausflug **ANFAHRT:** Grön Expressbuss vom Nils Ericson Terminalen bis Kungälv rund 30 min, 37,30 SEK. Fährt mehrmals pro Stunde, www.vasttrafik.se **EINKEHRTIPP:** Café Tant Rut, Västragatan 58, Kungälv, Tel. 03 03/1 87 10, www.cafe tantrut.se **AUSKUNFT:** Kungälv Touristbüro, Våghals Turistcenter, Färjevägen 2, Mitte April–Sept. Mo–Fr 9.30–18 Uhr, www.vaghals.se/se

Die Bohus Fästning thront gegenüber der Stadt Kungälv, rund 25 km nördlich von Göteborg, düster und mächtig auf einem Granitfelsen. Hier fließen die Flüsse Nordre Älv und Göta Älv zusammen, hier trifft die E6 nach Oslo auf die E45 nach Karlstad. Bis zum Frieden von Ros-

Ein Ausflug wird richtig gut mit Süßem von Göteborgs Kex (▶ S. 92).

kilde im Jahr 1658 verlief hier die Grenze zwischen Norwegen und Schweden. Wegen der hervorragenden strategischen Lage hatte der nor-

wegische König Håkan V. Magnusson 1308 die trutzige Festung zu bauen begonnen, um gegen die Schweden gewappnet zu sein. Mit Erfolg: 14-mal wurde die Festung belagert, aber nie eingenommen.

Die 700 Jahre alte Burg kam vor gut 350 Jahren durch Grenzverlegung in schwedische Hand. Heute nur noch eine Ruine, ist sie dennoch ein Publikumsmagnet und lohnendes Ausflugsziel. Im Sommerhalbjahr gibt es Führungen durch das Gemäuer, und um das historische Erbe lebendig zu halten, findet jedes Jahr im Juli ein großes Mittelalter-Festival Kungahälla Medeltidsdagar statt. Nach der Mittelalter-Woche in Visby auf Gotland ist es eines der größten Festivals dieser Art in Schweden: Mittelalterlich kostümierte Schauspieler zeigen das damalige Leben, der König hält mit seinen Rittern Hof, und auf dem großen Mittelalter-Markt herrscht unter den Händlern, Gauklern und Musikanten ein buntes Treiben.

Extra-Tipp für Naschkatzen: Auf dem Weg von der Festung nach Kungälv passiert man die Fabrik **Göteborgs Kex**. Seit mehr als hundert Jahren knabbern die Schweden Ballerina-, Singoalla- und Brago-Kekse. Im Fabrikverkauf Bräckboden (Mo–Fr 9–18, Sa 9–14 Uhr, www.goteborgskex.se) können Sie sich mit Gebäck eindecken.

Wasserkraft in Trollhättan

CHARAKTERISTIK: Erlebnis Wasserkraft und regenerative Energieerzeugung
DAUER: Tagesausflug **ANFAHRT:** 80 km Bahnfahrt (ca. 1–1,5 Std.) von Göteborg C
bis Bahnhof Trollhättan, dort vom Reisezentrum 5 Min. mit dem Bus bis Drottning-
torget. Dann 15 Min. Fußweg bis zur Oscarsbron, www.vasttrafik.se **EINKEHR-
TIPP:** Konditorei Ritz, Hjortmossegatan 73, Trollhättan, Mo–Fr 8–18, Sa 8–14 Uhr,
www.ritzkonditori.se **AUSKUNFT:** www.trollhattan.se, www.fallochsluss.se

Bevor der Göta Älv in Göteborg ins
Meer fließt, passiert er die Stadt
Trollhättan im Landesinneren. Hier,
an der Südspitze des **Vänern-Sees**,
lässt sich im Hochsommer die ge-
waltige Kraft des Wassers beeindru-
ckend erleben. Dann donnern einmal am Tag 300 000 Liter Wasser pro
Sekunde das alte, felsige Flussbett im
Zentrum der Stadt hinab. Wenn die
oberen Schleusentore geöffnet werden, braust das Wasser mit 32 m
Gefälle durch den Ort. Doch schon
kurze Zeit danach fällt das Flussbett
wieder nahezu trocken – das Wasser
wird nämlich normalerweise um-
geleitet und in den beiden Kraftwer-
ken Hojum und Olidan zur Stromge-
winnung genutzt. Seitdem das Ener-
gicunternehmen Vattenfall – das
hier übrigens seinen Ursprung hat –
hier Strom erzeugt, wird deutlich,
wie stark einerseits der Eingriff in
die Natur ist, wie viel Energie aber
auch im Wasser schlummert.
Der beste Platz, den Wasserfall zu genießen, ist auf der Brücke Oscarsbron. Wichtig: Seien Sie pünktlich
um 15 Uhr dort, das Schauspiel ist
für den Tag sonst vorbei. Ebenfalls
sehenswert ist das alte Kraftwerksge-
bäude Olidan – ein wirklich schönes
Beispiel für die Industriearchitektur
des beginnenden 20. Jh. Olidan erzeugte im Jahre 1910 als erstes
schwedisches Wasserkraftprojekt
Strom. In idyllischer Parklandschaft

Idyllisch und ruhig präsentiert sich hier
der Vänern-See (▶ S. 93).

lässt sich in Trollhättan außerdem
beobachten, wie Boote auf dem
Trollhätte-Kanal in drei Schleusen –
die älteste stammt aus dem Jahr 1800
– Fahrstuhl fahren.

INFORMATIONEN

Im Mai, Juni und September werden
die Schleusen samstags um 15 Uhr
geöffnet. Im Juli und August täglich
um 15 Uhr, während der »Wasser-
fallstage« am dritten Wochenende
im Juli mehrmals täglich, abends beleuchtet.

Die Straßenbahn (▸ S. 110) ist das beliebteste Fortbewegungsmittel in Göteborg. Auf ihrem ausgedehnten Liniennetz kommt man in kurzer Zeit fast überall hin.

Wissenswertes
über Göteborg

Nützliche Informationen für einen gelungenen Aufenthalt: Fakten über Land, Leute und Geschichte sowie Reisepraktisches von A bis Z.

Auf einen Blick

Mehr erfahren über Göteborg – Informationen über Land und Leute, von Bevölkerung über Lage, Politik und Religion zu Sprache und Verwaltung bis Wirtschaft.

AMTSSPRACHE: Schwedisch
BEVÖLKERUNG: 22,3 % Ausländer
EINWOHNER: 515 000
FLÄCHE: 198 qkm
INTERNET: www.goteborg.se
RELIGION: 71 % evangelisch-lutherisch, 4 % muslimisch, knapp 2 % katholisch
VERWALTUNG: 10 Stadtbezirke mit 94 »Primäromraden« (Stadtteilen)
WÄHRUNG: Schwedische Krone (SEK)

Bevölkerung

In der Stadt Göteborg leben 515 000 Menschen, zum Großraum Göteborg (Stor-Göteborg), dem Kommunalverbund oder der Großstadtregion mit den umliegenden Städten und Gemeinden gehören insgesamt 918 000 Menschen. In Göteborg wohnen rund 22 % Ausländer, viele von ihnen in den nördlichen Vororten. Sie kommen vor allem aus Finnland, dem Iran und dem Irak.

Lage

Die Halbmillionenstadt liegt an der Westküste Schwedens in der Provinz »Västra Götalands Län«. Durch die Stadt fließt der Fluss »Göta Älv«, der im Westen der Stadt ins Kattegatt mündet. Die Stadt Göteborg erstreckt sich auf 450 Quadratkilometern, wobei die äußeren Stadtteile oft schon ländlichen Charakter haben. Die Stadtteile nördlich des Flusses

◄ Einkaufen macht Spaß in Göteborg: Die Auswahl ist groß und vielfältig.

liegen auf der Halbinsel Hisingen. Der Stadt vorgelagert sind die südlichen Schären, eine autofreie Inselgruppe, die von Göteborg aus mit Fähren erreichbar ist. Göteborgs Lage am Meer macht die Stadt zu einer Hochburg für frischen Fisch und Meeresfrüchte, es haben sich zahlreiche Fischrestaurants etabliert, in denen zum Teil auf höchstem Niveau gekocht wird.

Politik

In Schweden regieren aktuell die vier bürgerlichen Parteien in der »Allianz für Schweden« unter Ministerpräsident Fredrik Reinfeldt von der konservativen Moderaten Partei. In Göteborg sind noch bis 2014 die Sozialdemokraten, die Umweltpartei und die Linkspartei an der Macht.

Religion

Gut 70 % der Schweden sind evangelisch. Die zweitgrößte Glaubensgemeinschaft machen die Muslime mit 4 % aus. Es gibt in Schweden zahlreiche Freikirchen. Die Katholiken stellen mit weniger als 2 % nur einen sehr kleinen Anteil der Gläubigen.

Sprache

Schwedisch ist mit dem Deutschen eng verwandt. Skandinaviens wichtigste Sprache verwendet daher zahlreiche deutsche Lehnworte. Die Bedeutung schwedischer Worte lässt sich, zumindest in der Schriftsprache, oft ableiten. Reisende können sich problemlos auf Englisch verständigen: Fast alle Schweden lernen es als erste Fremdsprache in der Schule und wenden ihre Kenntnisse im Alltag regelmäßig an – etwa durch nicht synchronisierte Spielfilme. Als zweite Fremdsprache lernen schwedische Kinder Spanisch, Deutsch oder Französisch.

Verwaltung

Seit 2011 ist Göteborg in nur noch 10 Stadtbezirke als Verwaltungseinheiten eingeteilt. Sie heißen Angered, Asked-Frölunda-Högsbo, Centrum, Lundby, Majorna-Linné, Norra Hisingen, Västra Göteborg, Västra Hisingen, Örgryte-Härlanda und Östra Göteborg. Diese Stadtbezirke haben eigene Verwaltungen, die unter anderem für die Grundschulen und sozialen Dienste zuständig sind. Sie sind weiter in 94 »Primäromraden« unterteilt.

Wirtschaft

Göteborgs Hafen ist der größte Schwedens und gleichzeitig Europas wichtigster Exporthafen. Bis in die 1970er-Jahre waren die Werften ein wichtiger Wirtschaftsfaktor. Nach der Werftenkrise haben die meisten geschlossen, heute sind auf einigen ehemaligen Werften am Nordufer des Göta Älv neue Stadtteile entstanden. Zu den großen ortsansässigen Industrie-Unternehmen und Arbeitgebern zählen Volvo AB, SKF, Hasselblad AB, Saab, Ericsson, Stena Line. Göteborg ist eine beliebte Universitätsstadt mit zwei Hochschulen: der staatlichen Universität Göteborg, eine der größten Hochschulen Skandinaviens, und der von einer Stiftung getragenen Technischen Hochschule Chalmers. Als große Messestadt zieht Göteborg nationale und internationale Gäste aus der Wirtschaft an – etwa jeden September zur Buchmesse.

Geschichte

Steinzeit

Schon in der Steinzeit sind einfache menschliche Besiedlungen am »Göta Älv« nachweisbar.

Um 1100

Die Bewohner flüchten wegen Seefahrer-Plünderungen und gründen flussaufwärts »Gamla Lödöse«. Der Ort gilt als älteste Vorgängersiedlung Göteborgs.

1366

Erste urkundliche Erwähnung der Festung »Älvsborg« am Südufer des Flusses. Heute existiert nach der königlich angeordneten Sprengung ab 1660 nur noch eine Ruine.

15. und 16. Jh.

Feindliche Dänen überrollen immer wieder die schwedischen Siedlungen an der Westküste. Im Norden beginnt direkt Norwegen.

1603

König Karl IX. gründet Göteborg auf der Insel Hisingen am Delta des Göta Älv. 1612 ist die Siedlung bereits wieder zerstört.

1619

König Gustav II. Adolf gründet das heutige Göteborg am südlichen Flussufer – mit einer modernen gesellschaftlichen und städtebaulichen Vision.

1621

Göteborg bekommt die Stadtrechte. Protestantische Einwanderer aus den Niederlanden, Deutschland und Großbritannien siedeln sich an und helfen beim Aufbau der Stadt.

1641

Göteborg wird innerhalb einer Verteidigungsanlage mit Bastionen als strenges Raster mit rechteckigen Straßenzügen angelegt. Im Stadtrat sitzen vier Schweden, je drei Deutsche und Niederländer und zwei Schotten.

1650

Die Festung »Nya Elfsborg« entsteht.

1660

König Karl X. Gustav stirbt während des Reichstags. Sein Sohn besteigt vierjährig den Thron.

18. Jh.

Fischerei und Hafen prägen die Stadt.

1731

Gründung der schwedischen Ostindienkompanie. Der Handel mit China und dem Fernen Osten erblüht. Auch die Handelsbeziehungen mit England intensivieren sich, weil Napoleon Großbritannien blockiert. Göteborg bekommt den Beinamen »Lilla London« – kleines London.

1788

Dänische Belagerung der Stadt. Die Göteborger sind entschlossen, sich nicht zu unterwerfen. Dies lässt die Belagerer schon nach wenigen Wochen wieder abrücken.

1802–1815

Dombau in der Innenstadt.

1806

Die Festungswälle werden »geschleift« und bleiben nur teilweise als Grünflächen, u.a. dem Trädgårdsföreningens Park, bestehen. Heute zeigt der Wallgraben, wo die Verteidigungsanlage stand.

1832

Der Göta Kanal verbindet ab sofort Stockholm mit der Westküste.

1840–50

Gründung mehrerer Werften, die bis Mitte des 20. Jh. Gesicht und Wirtschaft Göteborgs prägen sollen.

1850

Göteborg ist größter schwedischer Im- und Export-Hafen.

Ab 1850

In den folgenden Jahrzehnten wandern über eine Million Schweden aus Armut in die USA. Göteborg wird Tor zur Neuen Welt.

1874

Eröffnung der Feskekörka als überdachte Fischhalle.

1890

Der schwedische Nationaldichter Evert Taube wird in Göteborg geboren. Er verbringt seine Kindheit auf der Schäre Vinga.

1902

Die erste elektrische Straßenbahnlinie fährt.

1907

Sven Wingquist erfindet das Pendelkugellager. AB Svenska Kullagerfabriken (SKF) wird gegründet.

1923

Zum 300-jährigen Stadtjubiläum öffnet der Freizeitpark Liseberg.

1927

SKF beginnt Autos unter dem Namen »Volvo« herzustellen. Bis heute produziert Volvo in Göteborg.

1951

Schauspieler und Hollywood-Star Stellan Skarsgård kommt in Göteborg zur Welt.

1966

Einweihung der Brücke »Älvsborgsbron«, die den Fluss bei Klippan in 45 m Höhe überspannt.

1976

Umweltaktivisten besetzen eine Woche lang den Kungstorget, um den Bau eines Parkhauses unter dem Platz zu verhindern – erfolgreich.

1989

Das rot-weiß-gestreifte Hochhaus mit dem Panorama-Café Göteborgs Utkiken öffnet am Hafen.

1994

Die Göteborger Oper wird am Hafen fertiggestellt.

1995

Göteborg ist Austragungsort der Leichtathletik-WM.

2001

EU-Gipfel in Göteborg mit Besuch George W. Bushs und massiven gewalttätigen Ausschreitungen.

2006

Der sechsspurige Götatunnel entlastet die nördliche Innenstadt vom Durchgangsverkehr.

2011

Göteborg wird Fairtrade City.

Sprachführer Schwedisch

Das Schwedische ist eine nordgermanische Sprache und wird außer in Schweden auch noch in Teilen Finnlands gesprochen. Auffällig ist die Ähnlichkeit zu niederdeutschen Dialekten. Am deutlichsten unterscheidet sich das Schwedische vom Deutschen durch den bestimmten Endartikel, d. h., ein Haus heißt »ett hus«, aber das Haus »huset«. Die Entwicklung der schwedischen Sprache wird sorgsam von der Schwedischen Akademie, die auch den Nobelpreis für Literatur vergibt, mitverfolgt und in einem Verzeichnis festgehalten.

Das Schwedische hat einen Buchstaben, der im deutschen Alphabet nicht vorkommt: das å (Å), das etwa wie ein O ausgesprochen wird. Es steht im Alphabet an drittletzter Stelle, vor dem Ä und dem Ö. Den Stadtteil Östermalm müssen Sie also auf dem Stadtplan im Straßenregister ganz hinten suchen.

Wichtige Wörter und Ausdrücke

Ja – Ja
Nein – Nej
Bitte – Var så god
Danke – Tack
Und – Och
Ich verstehe nicht – Jag förstår inte
Entschuldigung – Ursäkta
Guten Morgen – God morgon
Guten Tag – Hej
Ich heiße … – Jag heter …
Ich komme aus … – Jag kommer från …
Wie geht's? – Hur står det till?
Danke, gut – Tack, det är bra
Wer, was, welcher – Vem, vad, vilken
wie viel – Hur mycket
Wo ist … – Var ligger/var finns
Wann – När
Wie lange – Hur länge/Hur lång tid
Sprechen Sie Deutsch? – Talar du tyska?
Auf Wiedersehen – Hej då
Heute – I dag
Morgen – I morgon

Zahlen

eins – ett
zwei – två
drei – tre
vier – fyra
fünf – fem
sechs – sex
sieben – sju
acht – åtta
neun – nio
zehn – tio
einhundert – hundra
eintausend – tusen

Wochentage

Montag – måndag
Dienstag – tisdag
Mittwoch – onsdag
Donnerstag – torsdag
Freitag – fredag
Samstag – lördag
Sonntag – söndag

Unterwegs

Wie weit ist es nach …? – Hur långt är det till …?
Wie kommt man nach …? – Hur tar jag mig till …?
Wo ist der/die nächste …? – Var finns närmsta …
 – Werkstatt – bilverkstad
 – Bahnhof/Busbahnhof – station/busstation
 – U-Bahn-/Bushaltestelle – tunnelbanestation/bushållplats

– Flughafen – flygplats
– die Touristeninformation – turistinformation
– die Bank – närmsta banken
– Geldautomat – bankomaten
Wo finde ich einen Arzt/ Apotheke/Zahnarzt? – Var finns vårdcentralen/apoteket/ tandläkare?
Super – 98 Oktan
Diesel – diesel
rechts – höger
links – vänster
geradeaus – rakt fram
Ich möchte ein Auto/ein Fahrrad mieten – Jag skulle vilja hyra en bil/en cykel
Wir hatten einen Unfall – Vi råkade ut för en olycka
Eine Fahrkarte nach … bitte – En biljett till …, tack!

Übernachten

Ich suche ein Hotel – Jag söker ett hotell
Ich suche ein Zimmer für … Personen – Jag söker ett rum för … personer
Haben Sie noch Zimmer frei – Har ni lediga rum
– für eine Nacht? – för en natt
– für zwei Tage? – för två dagar
– für eine Woche? – för en vecka
Ich habe ein Zimmer reserviert – Jag reserverade ett rum
Wie viel kostet das Zimmer – Hur mycket kostar rummet
– mit Frühstück? – med frukost
– mit Halbpension? – med halvpension
Kann ich das Zimmer sehen? – Får jag titta på rummet?
Ich nehme das Zimmer – Jag tar rummet
Kann ich mit Kreditkarte zahlen? – Tar ni kort?

Essen und Trinken

Ist dieser Tisch noch frei? – Är bordet ledigt?
Die Speisekarte bitte – Kan jag få menyn?
Die Rechnung bitte – Kan jag få betala, tack!
Ich hätte gern – Kan jag få
– einen Kaffee – kaffe
– ein großes Bier – en stor stark
– ein Glas Wein – ett glas vin
Alles zusammen – Allt på en nota
Wo finde ich die Toiletten (Damen/ Herren)? – Var finns damtoaletten/herrtoaletten?
Kellner – kypare
Frühstück – frukost
Mittagessen – lunch
Abendessen – kvällsmat/middag
Tagesgericht – dagens rätt

Einkaufen

Wo gibt es …? – Var finns det …?
Haben Sie…? – Har ni …?
Wie viel kostet das? – Hur mycket kostar detta?
Das ist zu teuer – Det är för dyrt.
Geben Sie mir bitte … Gramm/ein Pfund/ein Kilo – Kan jag få … gram/ett halvt kilo/ett kilo
Danke, das ist alles – Tack, det var allt
geöffnet – öppet
geschlossen – stängt
Bäckerei – hembageri/konditori
Kaufhaus – varuhus
Markt – marknad
Haushaltswaren – husgeråd
Lebensmittelgeschäft – livsmedelsaffär
Metzgerei – slakteri
Briefmarken für einen Brief/eine Ansichtskarte nach Deutschland/Österreich/in die Schweiz – frimärken för ett brev/ett vykort till Tyskland/Österrike/Schweiz

Kulinarisches Lexikon

A
abborre – Barsch
anka – Ente
ansjovis – Anchovis

B
bakad potatis – gebackene Kartoffel
  (meist mit Krabben gefüllt)
barnrätt – Kinderteller
blåbär – Blaubeere
bönor – Bohnen
bröd – Brot

D
dagens rätt – Tagesgericht
dryck – Getränk

E
efterrätt – Nachspeise

F
filmjölk – Dickmilch
fisk – Fisch
fiskesoppa – Fischsuppe
fläsk – Schweinefleisch
förrätt – Vorspeise
folköl – »Volksbier« (2,8 % Alkohol-
  gehalt)
frukost – Frühstück
frukt – Obst
färsk – frisch

G
gaffel – Gabel
grillad/grillat – gegrillt
grädde – Sahne
glass (von glace) – Speiseeis
godis – Süßigkeiten
gravad lax – gebeizter Lachs
gräsej – Seelachs
grönsaker – Gemüse
gryta – Eintopf
gås – Gans
gädda – Hecht

H
hallon – Himbeere
havskatt – Seewolf
hemlagad/hemlagat – hausgemacht
hummer – Hummer
husmanskost – Hausmannskost

I
inlagd/inlagt – eingelegt (in Essig)
is – Eis (für Getränke)
isterband – Griebenwurst

J
jordgubb – Erdbeere
Janssons frestelse – Kartoffelgratin
  mit Anchovis
julbord – klassisches Weihnachts-
  büfett

K
kaka – Kuchen
kalkon – Truthahn
kanel – Zimt
kalv – Kalb
kanelbullar – Zimtschnecken
  (Kaffeegebäck)
kantarell – Pfifferling
kniv – Messer
körsbär – Kirsche
köttbullar – Fleischklößchen
köttfärs – Hackfleisch
kokt skinka – Kochschinken
kolja – Schellfisch
korv – Wurst
kräftor – Krebse
kyckling – Hühnchen

L
lax – Lachs
laxöring – Meeresforelle
lingonsylt – Preiselbeerkompott
löjrom – roter Kaviar von kleiner
  Maräne
lök – Zwiebel

lussekatter – Safrankringel
(Gebäck zum Fest der hl. Lucia
am 13. Dez.)

läsk, läskedryck – Erfrischungs-
getränk, Limonade

lättöl – »Leichtbier« (1,8 % Alkohol-
gehalt)

M

makrill – Makrele

marulk – Seeteufel

mazarin – Gebäck mit Marzipan-
füllung und Zuckerglasur

middag – Abendessen

mjölk – Milch

musslor – Muscheln

N

nyponsoppa – Fruchtsuppe aus
Hagebutten

nöt – Nuss

nötkött – Rindfleisch

O

ost – Käse

ostkaka – (warmer) Käsekuchen

ostron – Auster

P

pannkaka – Pfannkuchen

pepparkakor – Pfefferkuchen

pigghaj – Pfefferkuchen

piggvar – Dornhai

pytt i panna – gebratene Fleischwür-
fel mit Zwiebeln und Kartoffeln

påtår ingår – zweite Tasse Kaffee im
Preis enthalten

päron – Birne

R

rätt – Gericht

raggmunk – Kartoffelpuffer

renstek – Rentierbraten

räkor – Krabben

rödbeta – rote Bete

rökt – geräuchert

S

salt – Salz

semla – Fastengebäck aus Hefeteig

senap – Senf

sill – Hering

sjötunga – Seezunge

skaldjur – Meeresfrüchte

sked – Löffel

skinka – Schinken

smultron – Walderdbeere

smör – Butter

smörgås – belegtes Brot

smörgåsbord – Buffet

socker – Zucker

soppa – Suppe

sprit – Spirituosen

stekt – gebraten

strömming – Ostseehering, Ström-
ling

sur – sauer

svamp – Pilz

sylt – Eingemachtes

T

tallrik – Teller

torsk – Dorsch

tårta – Torte

V

vatten – Wasser

vete – Weizen

vin – Wein

vispgrädde – Schlagsahne

vitlök – Knoblauch

våfflor – Waffeln

W

Wienerbröd – Blätterteiggebäck mit
Pudding oder Fruchtfüllung

Å/Ä/Ö

ål – Aal

ägg – Ei

älgstek – Elchbraten

ärtsoppa – Erbsensuppe

öl – Bier

Reisepraktisches von A–Z

ANREISE UND ANKUNFT

MIT DEM FLUGZEUG

Göteborg hat zwei internationale Flughäfen: **Göteborg Landvetter Airport** (www.swedavia.se/sv/Goteborg/Resenar) und **Göteborg City Airport** (www.goteborgairport.se). Landvetter ist der ältere und nach Stockholm Arlanda der zweitgrößte Flughafen Schwedens. Er liegt rund 25 km östlich von Göteborg. Hier landen alle großen Fluglinien. Aus mehreren deutschen Städten gibt es täglich Direktflüge, internationale Flüge führen meist über Kopenhagen, London oder Amsterdam. Mit dem schnellen »Flygbussen« gelangt man in rund 25 Minuten in die City (80 SEK, nur Kartenzahlung, fahren alle 15–20 Minuten, www.flygbussarna.se). Der sehr viel kleinere ehemalige Militärflughafen **City Airport** liegt nördlich der Stadt. Hier landet unter anderem Ryanair.

MIT DER FÄHRE

Viele Göteborg-Besucher wählen die Seereise von Kiel mit der Autofähre der Stena Line (www.stenaline.de). Um 19.30 Uhr legen die Fähren in Kiel bzw. Göteborg ab, um am nächsten Morgen um 9 Uhr in der jeweils anderen Stadt festzumachen. Im Winter bietet die Reederei oft günstige Kurzreisen (ohne Automitnahme) an. Vom dänischen Fredrikshavn fährt eine weitere Fähre in gut drei Stunden nach Göteborg.

MIT DEM ZUG

Die Fahrt von Hamburg über Kopenhagen nach Göteborg dauert rund 9 Stunden (www.bahn.de, www.sj.se). Ideal, wenn man einen Zwischenstopp in der dänischen Hauptstadt oder in Malmö einlegen möchte.

MIT DEM AUTO

Die meisten Autofahrer reisen von Deutschland via Dänemark nach Göteborg: entweder ganz ohne Fähre über Jütland, von hier über die Große-Belt-Brücke und die Öresund-Brücke bis Malmö. Oder mit Fähre nach Göteborg bzw. ins gut 50 km südlicher gelegene Varberg. Viel genutzt ist die Strecke über Seeland mit den Optionen, zweimal Fähre zu fahren (»Vogelfluglinie«, Puttgarden-Rödby und Helsingör-Helsingborg, z. B. www.scandlines.de, ab 108 €) oder einmal die Fähre in Puttgarden und einmal die kostenpflichtige Öresund-Brücke (www.oeresund-bruecke.de, ab 39 €) von Kopenhagen nach Malmö zu nehmen. Aus Ostdeutschland kann man außerdem mit der Fähre von Rostock nach Trelleborg (www.ttline.com, www.scandlines.de) übersetzen. Danach geht es auf der gut ausgebauten E6/E20 an der Küste entlang bis Göteborg. Die Alkoholgrenze liegt übrigens bei 0,2 Promille – und genau wie bei Geschwindigkeitsüberschreitungen verstehen die Schweden dabei keinen Spaß.

MIT DEM BUS

Überlandbusse fahren auf längeren Strecken, z.B. bis Malmö. Zu den wichtigsten Anbietern gehören Swebus, GoByBus und Bus4You (www.sewbusexpress.se, www.gobybus.se, www.bus4you.se). Die Busse starten in Göteborg am Nils Ericson Terminal vor dem Hauptbahnhof.

AUSKUNFT

IN DEUTSCHLAND, ÖSTERREICH UND DER SCHWEIZ

Visit Sweden

www.visitsweden.com
– in Deutschland:
Tel. 0 69/22 22 34 96
– in Österreich: Tel. 01 92/8 67 02
– in der Schweiz: Tel. 0 44/5 80 62 94

IN GÖTEBORG

Göteborgs Turistbyrå ▶ S. 113, E 3

Inom Vallgraven • Kungsportsplatsen 2 • Straßenbahn: Kungsportsplatsen • Tel. 0 31/3 68 42 00 • www.gote borg.com • Mai–Aug. tgl. 9.30–17, Sept.–April Mo–Fr 9.30–17, Sa 10–14 Uhr

BARRIEREFREIES REISEN

In Schweden legt man großen Wert darauf, Menschen mit Bewegungseinschränkungen am öffentlichen Leben teilhaben zu lassen. So sind in Göteborg die allermeisten Museen behindertengerecht. Es gibt entsprechende Zugänge und Fahrstühle. In vielen Restaurants und Kaufhäusern finden sich Toiletten für Rollstuhlfahrer, und die Busse und neueren Straßenbahnen sind behindertengerecht, viele Fußwege haben abgesenkte Bordsteinkanten. In Liseberg und im Botanischen Garten kann man einen Rollstuhl leihen. Mehr Informationen gibt der Schwedische Behindertenverband in Göteborg (www.dhrgoteborg.nu).

BUCHTIPPS

Åke Edwardson: Der Himmel auf Erden (List Taschenbuch, 2004) Herbst in Göteborg. Erik Winter ist zurück aus dem Vaterschaftsurlaub. Da werden mehrere junge Männer von hinten angegriffen, und vor der Kita seiner Tochter Elsa treibt sich ein »Onkel« herum. Schon bald muss Erik Winter wieder tief in die Abgründe der menschlichen Seele blicken.

Helene Tursten: Der Novembermörder (btb Verlag, 2007) Der reichste Mann Göteborgs stürzt in den Tod. Mord oder Selbstmord? Inspektorin Irene Huss stößt bei den Angehörigen auf eine Mauer des Schweigens und wundert sich, dass keiner dem Opfer eine Träne nachzuweinen scheint. Der erste Fall um Helene Turstens Kriminalinspektorin Irene Huss.

Ann Rosman: Die Tochter des Leuchtturmmeisters (Rütten & Loening, 2010) Im Leuchtturm auf einem Felsen vor Marstand wird eine eingemauerte Leiche gefunden. Karin Adler, Ermittlerin bei der Göteborger Polizei, die auf einem Segelboot lebt, muss in die dunklen Seiten des Sommeridylls vordringen.

DIPLOMATISCHE VERTRETUNGEN

Deutsches Honorarkonsulat

▶ S. 113, E 2

Inom Vallgraven • Nils Ericsonsgatan 17 • Straßenbahn: Nordstan • Tel. 0 31/7 22 36 00

Österreichisches Generalkonsulat ▶ S. 114, B 8

Heden • Södra Vägen 28 • Straßenbahn: Berzeliigatan • Tel. 0 31/16 10 78

Schweizer Konsulat ▶ S. 114, A 8

Lorensberg • Kungsportsavenyn 34 • Straßenbahn: Valand • Tel. 0 31/7 19 33 80

FEIERTAGE

In Schweden gibt es folgende gesetzliche Feiertage:

1. Jan. Neujahr
6. Jan. Dreikönigstag
Karfreitag
Ostermontag
1. Mai Tag der Arbeit
Himmelfahrt
6. Juni Nationalfeiertag
Mittsommer
1. Nov. Allerheiligen
25./26. Dez. 1. und **2.** Weihnachts-feiertag
31. Dez. Silvester

GELD

1 SEK	0,11 €/0,14 CHF
1 €	8,95 SEK
1 SFr	7,02 SEK

Die schwedische Währung ist die Schwedische Krone (SEK). Eine Krone hat 100 Öre. Es gibt Scheine zu 20, 100, 500 und 1000 SEK.

GÖTEBORG CITY CARD

Die Göteborg City Card ist eine absolut lohnende Anschaffung: Sie bietet unter anderem freien oder ermäßigten Eintritt zu fast allen wichtigen Sehenswürdigkeiten und Museen sowie die kostenlose Nutzung des öffentlichen Nahverkehrs (24 Std. 285 SEK, Kinder 175 SEK, 48 Std. 395 SEK, 275 SEK). Erhältlich in der Tourist Info, in Pressbyrås sowie in vielen Hotels. Man kann auch eine CityCard fürs Mobiltelefon kaufen. Diese gibt es für 3, 4 und 5 Tage (5 Tage: Erwachsene 795 SEK, Kinder 535 SEK).
www.goteborg.com/citycard

GÖTEBORGSPAKETET

Wer das Göteborg-Paket bucht, bekommt zur Hotelübernachtung mit Frühstück die Göteborg City Card

(▸ S. 106) gleich dazu – und das alles zum attraktiven Sonderpreis.
http://book.goteborg.com/sv/paket/start

INTERNET

www.goteborg.com
Sehr gut gemachte Website der Tourist Information Göteborg mit detaillierten Informationen zu Hotels, Restaurants, Sehenswürdigkeiten und vielem mehr.
www.goteborg.se
Offizielle Website der Stadt Göteborg.
http://webnews.textalk.com/goteborg-daily
Englischsprachige Tageszeitung im Internet.

KRIMINALITÄT

Am häufigsten sind Taschendiebstahl und Autoaufbrüche, also keine Wertsachen im Auto lassen.

KLEIDUNG

Göteborger sind sehr modebewusst und kaufen gern Designerware ein. Dennoch ist die Alltagskleidung leger. Die Winter sind lang und kalt, die relativ kurze Hochsommerphase kann warm werden. Trotzdem – wegen der Nähe zum Meer empfiehlt es sich auch dann, immer eine regendichte Jacke und einen Pullover im Gepäck zu haben.

MEDIZINISCHE VERSORGUNG
KRANKENVERSICHERUNG

Die Vorlage einer Europäischen Krankenversicherungskarte (EHIC) ist ausreichend. Als zusätzlicher Versicherungsschutz empfiehlt sich der Abschluss einer Auslandskrankenversicherung, da diese Krankenrücktransporte mitversichert.

KRANKENHAUS
Sahlgrenska Sjukhus
▸ S. 117, südl. D 12

Guldheden • Per Dubbsgatan 15 •
Straßenbahn: Sahlgrenska
Huvudentre • Notaufnahme Tel. 0 31/
3 42 00 00 • www. sahlgrenska.se

APOTHEKE
Apotek Hjärtat   ▸ S. 113, E 2

Nordstan • Götgatan 12 • Straßenbahn: Brunnsparken • Tel. 07 71/
40 54 05 • www.apotekhjartat.se •
tgl. 8–22 Uhr

NOTRUF
Euronotruf 112 (Polizei, Feuerwehr,
Rettungsdienst)

POST
Die schwedische Post erkennt man
am blauen Horn mit Krone vor gel-
bem Hintergrund. Briefmarken kaufen und Pakete aufgeben kann man
an den Verkaufsstellen der »Posten
Norden«, die meist größeren Super-
märkten wie ICA, 7-Eleven-Kiosken
oder Tankstellen angegliedert sind.
Postkarte und Brief nach Europa
kosten 12 SEK, innerhalb Schwedens
6 SEK.

REISEDOKUMENTE
Deutsche, Österreicher und Schwei-
zer können mit einem gültigen
Reisepass oder Personalausweis
(Identitätskarte) einreisen. Kinder
unter 16 Jahren müssen im Pass eines Elternteils eingetragen sein oder
benötigen einen Kinderausweis.

REISEKNIGGE
Duzen Die Schweden haben das
förmliche »Sie« längst abgeschafft.
Man nennt sich einfach beim Vorna-
men und duzt sich.

NEBENKOSTEN

1 Tasse Kaffee	2,10 €
1 Bier	5,10 €
1 Cola	2,30 €
1 Brot (500 g)	2,20 €
1 Schachtel Zigaretten	5,50 €
1 Liter Benzin	1,60 €
Fahrt mit öffl. Verkehrs- mitteln (Einzelticket)	2,80 €
Mietwagen/Tag inkl. km	ca. 80,00 €

Grüßen Das freundliche, unkompli-
zierte »Hej« hört man in Göteborg
oft. Man grüßt freundlich, wo immer man sich trifft – beim Spaziergang im Grünen genauso wie an der
Supermarktkasse.
Rauchen Rauchen ist in Schweden
verpönt: In allen öffentlichen Ge-
bäuden, in Restaurants und selbst an
der Bushaltestelle herrscht striktes
Rauchverbot.
Schuhe In schwedischen Wohnungen sind Straßenschuhe tabu. Nicht
nur die Gastgeber tragen Pantoffeln,
auch der Besuch zieht gleich am Eingang seine Schuhe aus und schlüpft
in mitgebrachte Hausschuhe.
Trinkgeld In Cafés und Restaurants
mit Bedienung sind rund 10 % der
Rechnungssumme als Trinkgeld
üblich.

REISEZEIT
Im Sommer findet das Leben im
Norden draußen statt. Es wird ange-
nehm warm und im Juni und Juli
kaum dunkel. Ab August kann sich
der Herbst einstellen, mit Nässe und
Wind. Viele Attraktionen finden nur
innerhalb der schwedischen Som-
merferien von Mitte Juni bis Mitte
August statt, und so mancher Tourist
stand danach schon verwundert vor

verschlossenen Toren. Winterfans sollten Anfang Dezember nach Göteborg kommen, dann wappnet sich die Stadt mit unzähligen festlichen Lichtern, Leckereien und diversen Weihnachtsmärkten gegen die lange Dunkelheit und Kälte.

SIGHTSEEING
MIT DEM BUS

Klassisch: rund eine Stunde Sightseeing im Bus mit schwedischen, englischen und deutschen Ansagen.
www.stromma.se

MIT DEM MINIBUS

Luxuriös: Das Unternehmen Got Tours holt seine Gäste morgens im Hotel ab, bevor max. 8 Personen auf eine »Premium City Sightseeing Tour« gehen. Einen halben Tag lang fahren die Gäste durch Göteborg und sehen die wichtigsten Orte und Gebäude.
Erwachsene 1050 SEK, Kinder 850 SEK, inkl. Lunch
www.gottours.se

MIT DEM STINSEN-ZUG

Nostalgisch: Die gut halbstündige Rundfahrt mit den roten alten Bimmelbahnen ist vor allem für Kinder sehr vergnüglich. Die Mini-Züge rollen von Mai bis Anfang September durch die Stadt.
Erwachsene 90 SEK, Kinder 50 SEK, Familie 250 SEK
www.stinsensightseeing.se

MIT DER STRASSENBAHN

Typisch Göteborg: Mit der Straßenbahn lässt sich in rund zwei Stunden eine spannende Sightseeing-Tour durch mehrere Stadtteile machen. Vom Kungsportsplatsen mit der Linie 3 Richtung Marklandsgatan, an der Haltestelle Rosenlund weiter mit der »Älvsnabben«-Fähre am Norra Älvstranden entlang bis Klippan. Wieder an Land, mit der 3 ab Wagnhallen Majorna bis zur Marklandsgatan. Umsteigen in Linie 2 Richtung Krokslätt, am Slottskogen vorbei bis Vasa/Viktoriagatan. Noch einmal umsteigen in die 3 Richtung Kålltorp, an Universität und Röhsska Mussem vorbei bis zur Avenyn, und der Kungsportsplatsen ist wieder erreicht.

Jeden Sommer rollt außerdem die Veteranen-Straßenbahn »Ringlinien« mit 100 Jahre alten Straßenbahnwagen zwischen Hauptbahnhof und Liseberg (samstags; im Juli täglich).
Erwachsene 20 SEK, Kinder 10 SEK
www.ringlinien.org

Mittelwerte	JAN	FEB	MÄR	APR	MAI	JUN	JUL	AUG	SEP	OKT	NOV	DEZ
Tages-temperatur	1	1	5	9	16	19	20	19	16	11	6	3
Nacht-temperatur	-4	-4	-2	1	5	10	11	11	8	6	1	-3
Sonnen-stunden	1	3	4	6	8	9	8	7	5	3	2	1
Regentage pro Monat	11	7	9	8	9	9	10	11	11	12	13	11
Wasser-temperatur	3	2	3	4	8	13	16	17	15	12	8	5

ZU FUSS

Auf Schusters Rappen: Besondere Führungen durch die Stadt mit ganz verschiedenen Schwerpunkten – von Architektur über Frauen bis zur alten Stadtbefestigung – bieten die Stadtführer von walknet.
www.walknet.se

MIT DER FÄHRE

Die Schnellfähre 180 »Älvsnabben« ist Teil des öffentlichen Nahverkehrs von Västtrafik. Zum Preis eines Einzeltickets kann man vom Fluss aus prima die beiden Ufer erleben und dabei faszinierende Gegensätze studieren: hier die historischen Steinhäuser, dort hochmoderne Wohnbebauung und schließlich mit »Klippan« ein altes Industriegebiet aus rotem Backstein. Fährt alle halbe Stunde.
www.vasttrafik.se

MIT DEM PADDAN-BOOT

Wasser unterm Kiel: Mit den ulkig flachen »Schildkröten«-Booten die Kanäle entlang und im Hafen herumschippern – das gibt es nur in Göteborg. Unter diversen Brücken heißt es: Köpfe einziehen!
Saison April–Okt., Erwachsene 145 SEK, Kinder 75 SEK, www.stromma.se

STROM

Ein Adapter ist grundsätzlich nicht nötig, allerdings passen die dicken Schuko-Stecker nicht immer in die kleinen (Badezimmer-)Steckdosen, sodass ein Zwischenstecker sinnvoll sein kann.

TELEFON
VORWAHLEN

D, A, CH ▸ Schweden 00 46
Schweden ▸ D 00 49
Schweden ▸ A 00 43
Schweden ▸ CH 00 41
Göteborg: 0 31

TIERE

Hunde und Katzen benötigen zur Einreise einen EU-Heimtierausweis (stellt der Tierarzt aus) mit Nachweis einer Tollwutimpfung. Das Tier muss durch einen Mikrochip identifizierbar sein. Bei Reisen nach Schweden gibt es zusätzlich eine Pflicht zur Behandlung gegen Bandwürmer und Zecken.

VERKEHR
AUTO

Auto fahren in Göteborgs City sollte nur, wer wirklich muss. Viel bequemer ist man zu Fuß oder mit der Straßenbahn unterwegs. In der Innenstadt weist ein elektronisches Parkleitsystem die Autofahrer auf die freien Parkplätze und -häuser hin. Sie sind kostenpflichtig und haben manchmal eine Zeitbegrenzung. Wer diese überschreitet oder kein Ticket gezogen hat, muss eine Strafgebühr zahlen.
In die Wohngebiete auszuweichen ist keine Lösung, oft dürfen in den Straßen nur ausgewiesene Anwohner mit Parkausweis ihr Auto abstellen. Wer tanken muss, kann das häufig nur mit Karte oder per Automat mit »Sedel«, passend abgezählten Geldscheinen.

FAHRRAD

Göteborg will den Radverkehr fördern und hat bereits 600 km ausgewiesene Radwege, die sich oft in der Mitte von Alleen oder abgetrennt und gut markiert am Rand der Straßen befinden. Besucher können an den Stationen des Mietfahrrad-Anbieters »Styr & Ställ« Fahrräder ausleihen. In der Zentrale gibt es auch Leih-Helme. Die erste halbe Stunde ist das Leihfahrrad immer gratis, danach kostet es bis zu 40 SEK pro halbe Stunde.

Zentrale: Drottninggatan 62, Straßenbahn: Kungstorget
www.styrochställ.se

ÖFFENTLICHE VERKEHRSMITTEL

Göteborgs Verkehrsmittel Nummer eins ist die **Straßenbahn** oder »Spårvagn«. Die himmelblauen Bahnen, früher von Pferden gezogen, transportieren heute in verschiedenen Generationen elektrischer Wagen die Fahrgäste. Dank eines hervorragenden Liniennetzes gelangen Fahrgäste innerhalb der Halbmillionenstadt schnell nahezu überall hin. Es gibt Einzelfahrkarten, die 90 Minuten gelten, und »Dygn«-Karten mit 24 Stunden Gültigkeit. Einzelfahrkarten sind an Vorverkaufsstellen oder direkt in der Bahn erhältlich – entweder beim Fahrer oder am Automaten, der Bargeld und Karte nimmt.

Das Einzelticket (»Enkelbiljett«) kostet tagsüber 25 SEK. Alternativ gibt es die Fahrkarte per SMS aufs Handy, dann kostet sie 21 SEK, oder eine spezielle Magnetstreifen-Karte, auf die man Guthaben lädt. Dann kostet das Einzelticket nur 16,50 SEK. Busse ergänzen das Straßenbahnnetz. Es gelten die gleichen Tickets, da das gesamte ÖPNV-Angebot im Großraum Göteborg vom Beförderungsunternehmen Västtrafik betrieben wird. Die Tickets gelten auch auf der Fähre über den »Göta Älv». Die Schnellfähre »Älvsnabben« bindet die neuen Stadtteile am Nordufer und das weiter gen Flussmündung gelegene Kulturreservat »Klippan« an.
www.vasttrafik.se

TAXI

In Göteborg arbeiten verschiedene Taxiunternehmen. Es gibt keine Preisbindung, aber die Wagen müssen den Tarif deutlich sichtbar am Fahrzeug aushängen. Die Preise variieren meist abhängig von Wochentag und Zeit. Manche Unternehmen bieten auch Festpreise – am besten vor der Fahrt bestätigen lassen. Abends sind Niedrigpreis-Taxen beliebt, meist aber auch ausgebucht.

ZU FUSS

Alle Wege in der Innenstadt lassen sich hervorragend zu Fuß bewältigen. Fußgängerzonen und breite Fußwege laden zum Flanieren ein. Wenn es schneller gehen soll, fährt man einfach ein paar Stationen Straßenbahn.

ZOLL

Reisende aus Deutschland und Österreich dürfen Waren abgabenfrei mit nach Hause nehmen, wenn diese für den privaten Gebrauch bestimmt sind. Bestimmte Richtmengen sollten jedoch nicht überschritten werden (z. B. 800 Zigaretten, 90 l Wein, 10 kg Kaffee). Weitere Auskünfte unter www.zoll.de und www.bmf.gv.at/zoll. Reisende aus der Schweiz dürfen Waren im Wert von 300 SFr abgabenfrei mit nach Hause nehmen, wenn diese für den privaten Gebrauch bestimmt sind. Tabakwaren und Alkohol fallen nicht unter diese Wertgrenze und bleiben in bestimmten Mengen abgabenfrei (z. B. 200 Zigaretten, 2 l Wein). Weitere Auskünfte unter www.zoll.ch.

Kartenatlas

Maßstab 1:10 000

Legende

Touren und Ausflüge

- Inom Vallgraven (S.82)
  Start: S.113, E3
- Von der Feskekörka bis Slottkogen (S.84)
  Start: S.112, C4
- Avenyn und Trädgårds-föreningens Park (S.86)
  Start: S.118, A13

Sehenswürdigkeiten

- MERIAN-TopTen
- MERIAN-Tipp
- Sehenswürdigkeit, öffentl. Gebäude

Sehenswürdigkeiten ff.

- ✳ Sehenswürdigkeit Kultur
- ✳ Sehenswürdigkeit Natur
- ♱ ♰ Kirche; Kloster
- ♂ Kirchenruine
- 🏰 Burg
- ⌂ Burgruine
- ☪ Moschee
- 🏛 Museum
- ⚖ Markt
- ℹ Information

Verkehr

- Autobahn
- ABähnliche Str.
- Fernverkehrsstraße
- Hauptstraße
- Nebenstraße
- ✈ Flughafen
- ⊕ Flugplatz

A   B   C

Aeroseum

155

Romberget

Sveriges Radio
Göteborg

Kvillepiren

Göta Älv

Södra
Frihamnspiren

Lindholmsallén

Lindholmsallén

Pumpgatan

1

Planetgatan

Regnbågsgatan

E. Svenssons gata

Pumpgatan

Aftonstjärnan, Volvo Museum

Valdemar Norèns gata

Valdemar Norèns gata

Anders Carlssons gata

Casino Cosn

2

Radiomuseet

Theres Svenssons gata

Theres Svenssons gata

Anders Carlssons
gata

Emigranterm
H

Skeppsbron

Lilla
Badhus-
gatan

Stora Badhusgatan

Stora

Nor

3

Göta Älv

Verkstads-
gatan

Bryggare-
gatan

Lasse Ott

Surbrunns-
gatan

Masthamnsbron

Skeppsbron

Rosen-
lunds-
verket

Brogrund

Rosenlundsgatan

Esperanto
platsen

Kungsgatan

Hvi

Emigrantvägen

Lager-
huset

Postgatan

Brogrund

Broange

Catharinelska Kulturreservatet, Klippan Kulturreservat,
Mosthuggskyrkan, Sjöfartsmuseet Akvariet

Stena
bron

E45

Stena Line

Masthamnsgatan

Draken

6

Olof
Palmes
Plats

Järnvägsgatan

Järnvägsgatan

Pustervik

Pusterviks-
gatan

Fesket

R

4

Theater
Trixter

Masthamns-
gatan

Masthamnsgatan

Järnvägsgatan

Norra Allègatan

Södra

Första Långgatan

Första Långgatan

Järn-
torget

Haga

Östergata

Västra Skansgatan

Andra Långgatan

Linnégatan

Haga

Haga-
Nygata

Mellan

Kaplansgatan

Värmlandsgatan

Nordhemsgatan

Tredje Långgatan

116

Andra Långgatan

Tredje Långgatan

Fjärde Långgatan

Frigångsgatan

Haga Träto
Läderaffär

Masthuggets

Masthugget

A   B   C

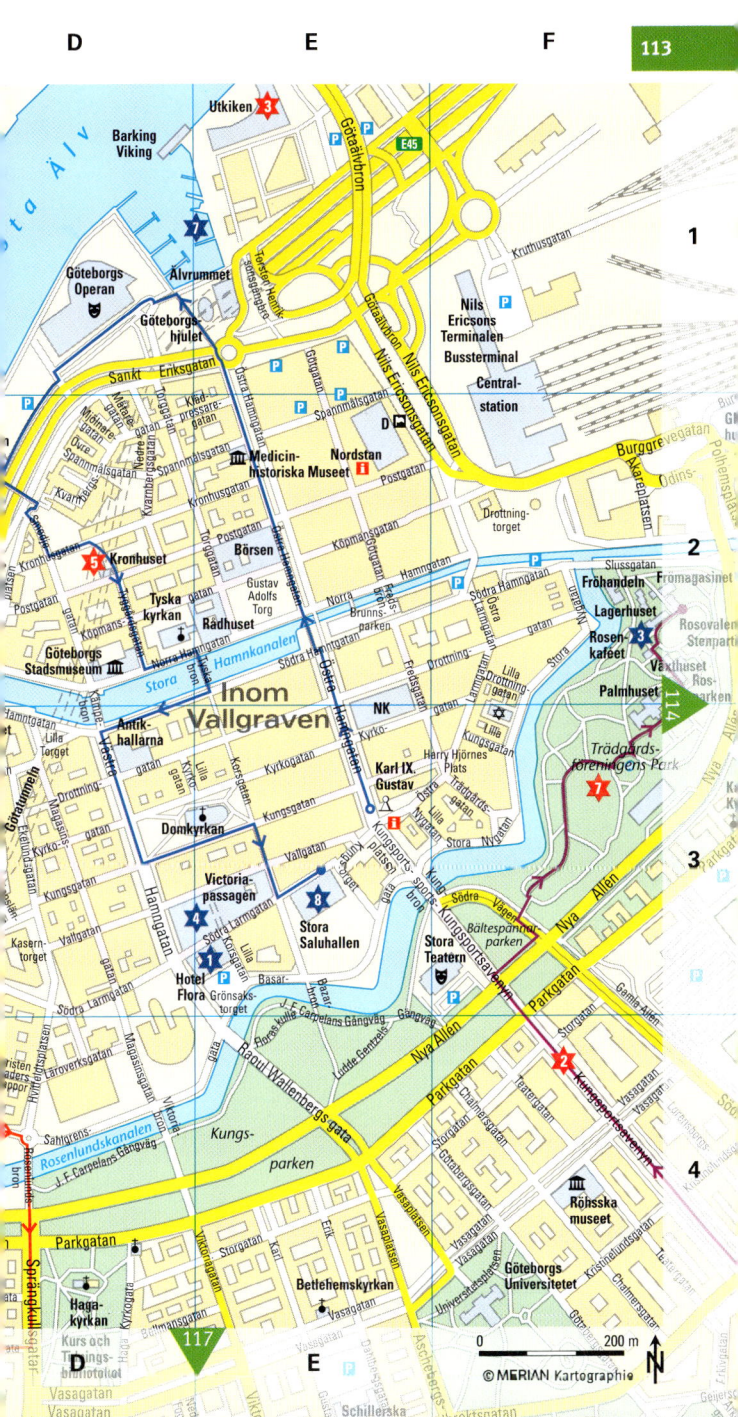

Map labels

D (column)

- Göta Älv
- Barking Viking
- Göteborgs Operan
- Älvrummet
- Göteborgs-hjulet
- Sankt Eriksgatan
- Molnare-gatan
- Övre gatan
- Spannmålsgatan
- Nedre gatan
- Kvarn
- Kronhuset 5
- Postgatan
- Kronhusgatan
- Tyska kyrkan
- Rådhuset
- Göteborgs Stadsmuseum
- Stora Hamnkanalen
- Antik-hallarna
- Domkyrkan
- Kungsgatan
- Victoria-passagen
- Hotel Flora
- Södra Larmgatan
- Kaserntorget
- Kristine-laders gatan
- Rosenlundskanalen
- J.F. Carpelans Gångväg
- Sahlgrens-gatan
- Parkgatan
- Haga-kyrkan
- Sprängkullsgatan
- Vasagatan

E (column)

- Utkiken 3
- Götaälvbron
- E45
- Göta-tunneln
- Nils Ericsonsgatan
- Nils Ericsons Terminalen Bussterminal
- Central-station
- Östra Hamngatan
- Spannmålsgatan
- Medicin-historiska Museet
- Nordstan
- Postgatan
- Börsen
- Gustav Adolfs Torg
- Köpmansgatan
- Norra Hamngatan
- Brunns-parken
- Inom Vallgraven
- Södra Hamngatan
- NK
- Karl IX Gustav
- Kyrkogatan
- Vallgatan
- Stora Saluhallen 8
- Grönsaks-torget
- Kungsports-platsen
- Kungsportsbron
- Stora Teatern
- Kungsportsavenyn
- Nya Allén
- Parkgatan
- Raoul Wallenbergs gata
- Kungs-parken
- Betlehemskyrkan
- Vasagatan
- Göteborgs Universitetet
- Kurs och Tagnings-britotiolet

F (column)

- Kruthusgatan
- Nils Ericsonsplatsen
- Drottning-torget
- Burggrevegatan
- Åkareplatsen
- Slussgatan
- Fromagasinet
- Fröhandeln
- Lagerhuset
- Rosen-kaféet 3
- Palmhuset
- Rosovalen Stenparti
- Växthuset Ros-parken
- Trädgårds-föreningens Park 7
- Storgatan 2
- Chalmersgatan
- Vasagatan
- Röhsska museet
- Kristinelundsgatan
- Chalmersgatan
- Vasagatan

Other

- Trädgårdsgatan
- Fredsgatan
- Lilla Drottninggatan
- Harry Hjörnes Plats
- Bältespännar-parken
- Götabergsgatan
- Chalmersgatan
- Storgatan
- Engelbrektsgatan

---

114 ▶

◀ 117

0 — 200 m

© MERIAN Kartographie

N

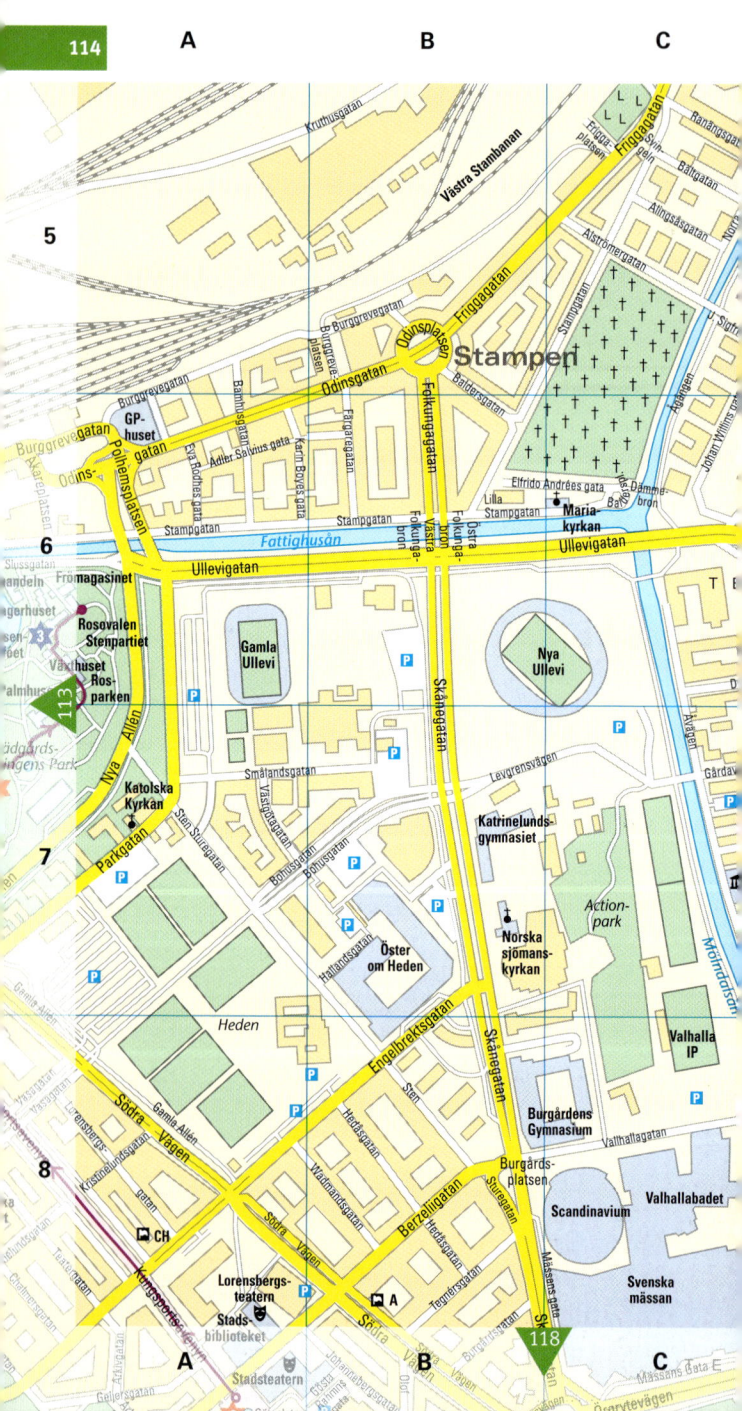

Kruthusgatan

Västra Stambanan

Frigga-plätsen

Ränängsgatan

Friggagatan

Båtgatan

Alingsåsgatan

Alströmergatan

Burggrevegatan

Odinsplatsen

Friggagatan

Stampen

Burggrevegatan

Banhusgatan

Odinsgatan

Färgaregatan

Baldersgatan

Stampgatan

GP-huset

Burggrevegatan

Odins-gatan

Eva Rodhes gata

Adler Salvius gata

Karin Boyes gata

Folkungagatan

Elfrida Andrées gata

Lilla Stampgatan

Maria-kyrkan

Dämme-bron

Johan Willins gata

Pollensplatsen

Stampgatan

Västra Folkunga-bron

Östra Folkunga-bron

Ullevigatan

Ullevigatan

Fattighusån

Fromagasinet

Rosovalen Stenpartiet

Växthuset Ros-parken

Gamla Ullevi

Nya Ullevi

Nya Allén

Parkgatan

Katolska Kyrkan

Sten Sturegatan

Smålandsgatan

Vädursgatan

Skånegatan

Levgrensvägen

Katrinelunds-gymnasiet

Action-park

Mölndalsån

Gårda

Avägen

Bohusgatan

Hallandsgatan

Öster om Heden

Norska sjömans-kyrkan

Heden

Engelbrektsgatan

Skånegatan

Valhalla IP

Södra Vägen

Gamla Allén

Kristinelundsgatan

Gamla allé

Hedasgatan

Vasnandsgatan

Sten

Burgårdens Gymnasium

Vallhallagatan

Burgårds-platsen

Scandinavium

Valhallabadet

Södra Vägen

Berzeliigatan

Hedasgatan

Sturegatan

Teatergatan

Mässans gata

Svenska mässan

CH

Lorensbergs-teatern

Stads-biblioteket

A

Stadsteatern

Södra Vägen

Götaplatsen

Johannebergsgatan

Mässans Gata

Örgrytevägen

113

118

5

6

7

8

Idrottsmuseet
Kvibergs Museum
Torkelsgatan

Svensksunds-
gatan

Pärlstic-
karegatan

Fritjofsstigen

Örgyte
Nya
Kyrkogård

Kärralunds-
gatan

Gamla
Lunden-
skolan

E6
E20

Furstens-
bergsgatan

Källhusgatan

Willinsbron

Södra Gubberogatan

Norra

Lagerströms-
platsen

Anders Personsgatan
Gustaysgatan
Vinnitsagatan
Gulbenssbrogatan

Lenny Lindbergsgatan
Wrangelsgatan
Svensksundsgatan

Karlbogatan

Lundagatan

Statten

Pauligatan

Danska Vägen

Sankt

Ingeborgsgatan
Heljerogatan

Sankt Västskugatan

Plangatan

Pauligatan

Stukevägen

Hökälvgatan

Pauligatan

Lilla Karragatan

Bergsträddatan

Fenikampsgatan

Stavhoppargatan
regatan

Statensgatan

Häckläpparegatan

Trestegsgatan

Skogshyddegatan

Lilla Danska vägen

Prästgårdsängen

Danska Vägen

I V E L L U

Johan på Gårdas gata

Vestkustbanan (Gårdatunneln)

Prospekt

Hligatan

Carlbergsgatan

Prospekt

Överåsparken

Valåsgatan

Valåsgatan

Lunnatorpsgatan

Barsköldsgatan

Barsköldsvänd

Sventorpsliden

Lilla Danska vägen

Herrgårds-
gatan

Böskolan

**Örgryte
nya kyrka**

Örgryte Kyrkogata

Herrgårds-
gatan

Bögatan

Humlegårdsgatan

Bögatan

Koplarsvägsgatan

Daltorpsgatan

Prästgårds-
gatan
Prästgårds-
gatan
Prästgårds-
gatan
Prästgårds-
gatan
Prästgårdsängen

Bögatan

P

P

P

P

P

Odlinslundsgatan
Ankumsgatan

Fabriksgatan

indsgatan

råsgatan

E6
E20

Danska Vägen

Överåsparken

Backfallen

Skånegatan
Samlesonsgatan

Orangerigatan

**Örgryte
gamla
kyrka**

Sankt Sigfridsgatan

Örgrytevägen

119

Sankt Sigfridsgatan

Olof Strömmansgatan

Delsjövägen

Örgryte

Delsjövägen

Tandsågatan

Orangerigatan

Apelgatan

Tandsågatan

0   200 m

© MERIAN-Kartographie

N

E T Y G R Ö

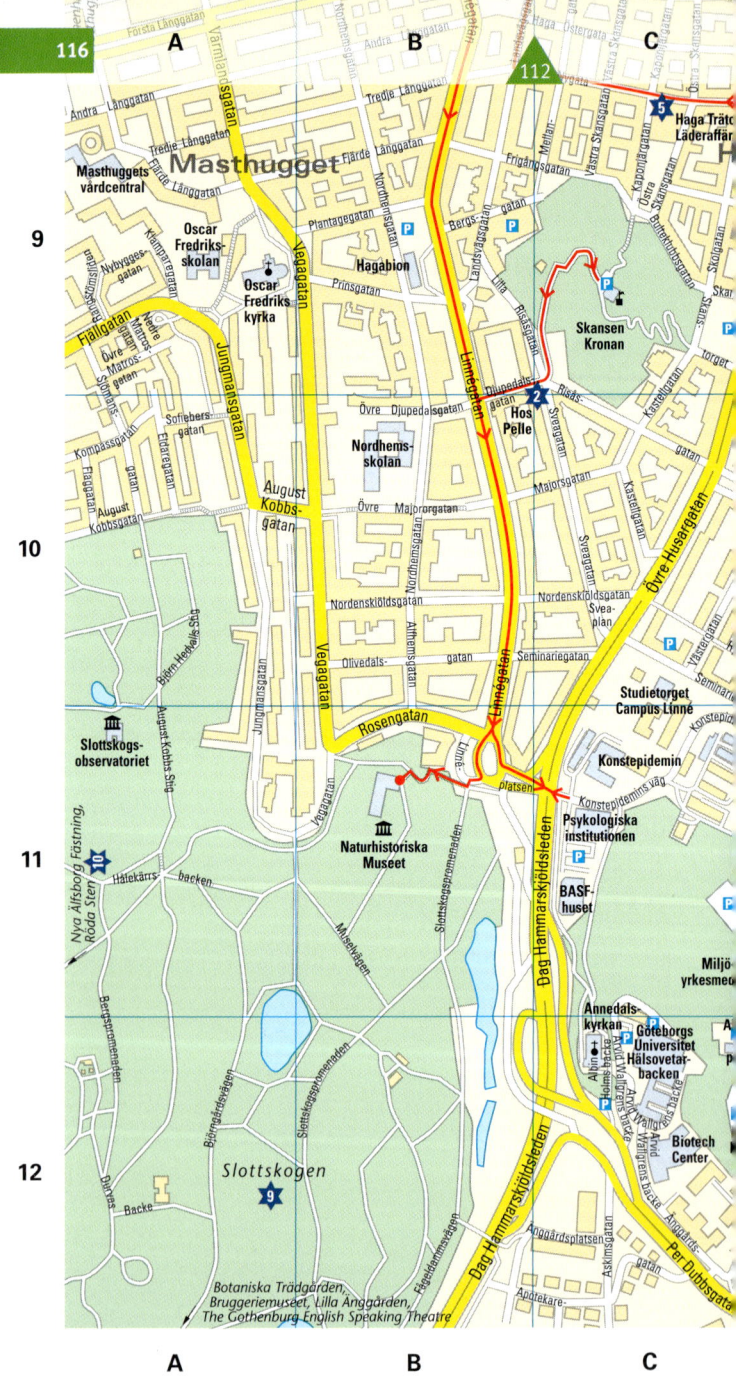

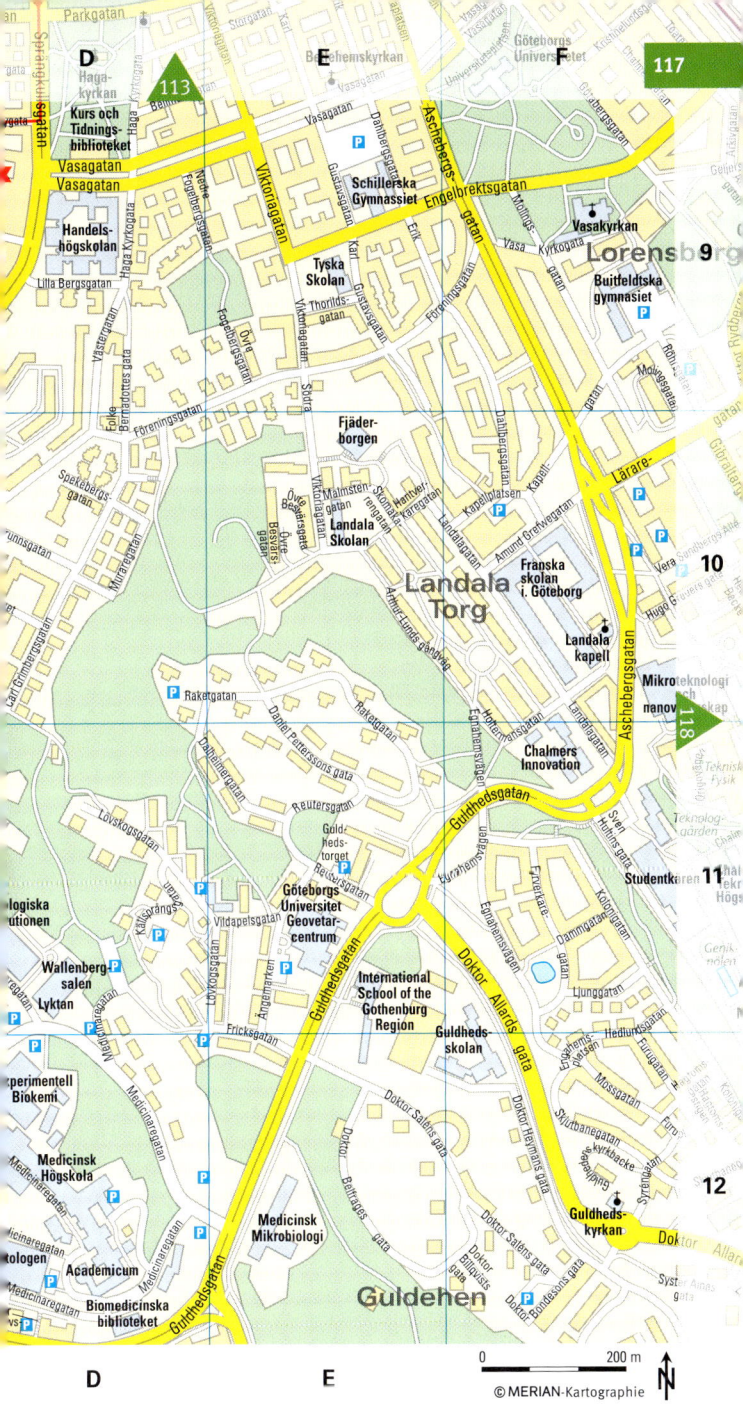

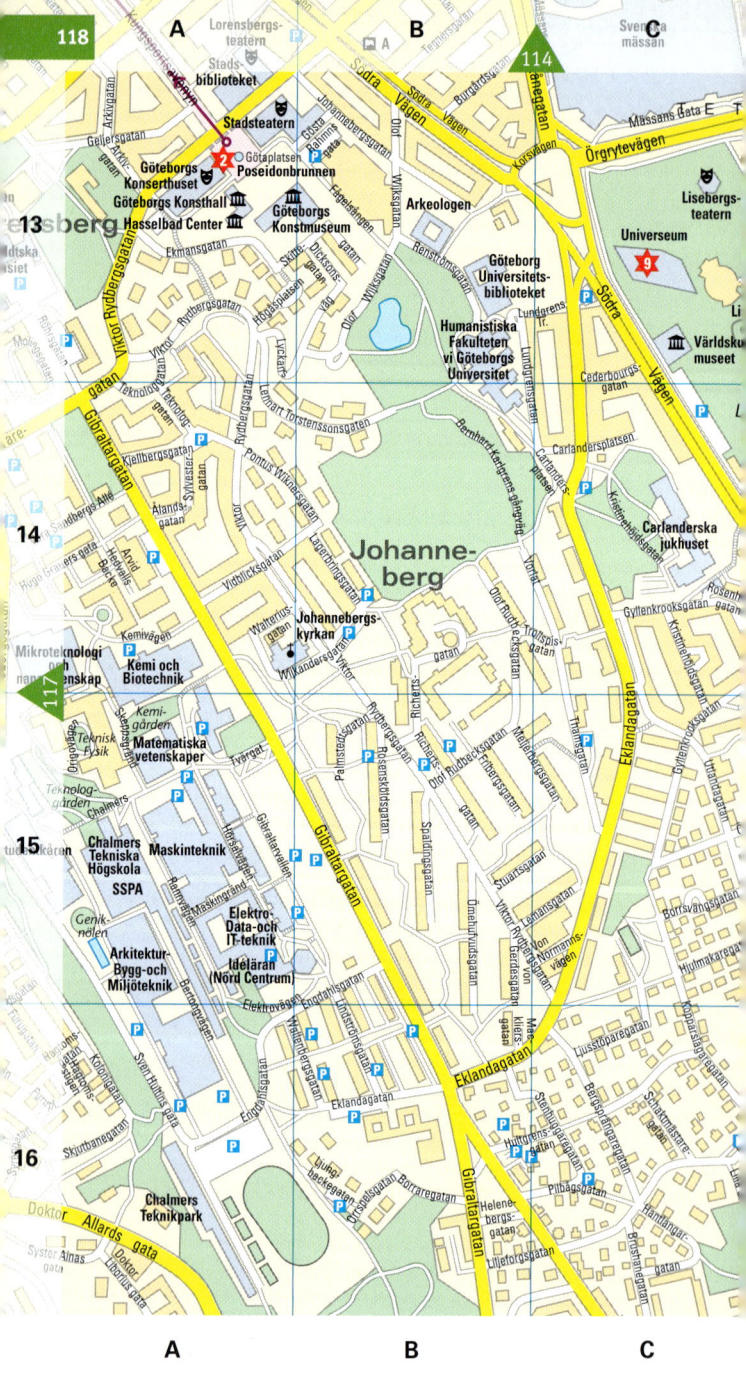

Kartenregister

Orts- und Sachregister

Wird ein Begriff mehrfach aufgeführt, verweist die **fett** gedruckte Zahl auf die Hauptnennung, eine *kursive* Zahl auf ein Foto.

Abkürzungen:
Hotel [H]
Restaurant [R]

Wenn uns eine
Aussicht in Atem hält ...
... dann muss es live! sein
MERIAN live!
NEU
Toskana
MIT KAPITEL NEU grüner reisen
Uffizien › Pinakothek von Weltrang
Chianti › Malerische Weinorte
Palio in Siena › Berühmtes Pferderennen
& Kartenatlas im Buch
Extra-Karte zum Herausnehmen
MERIAN
Die Lust am Reisen

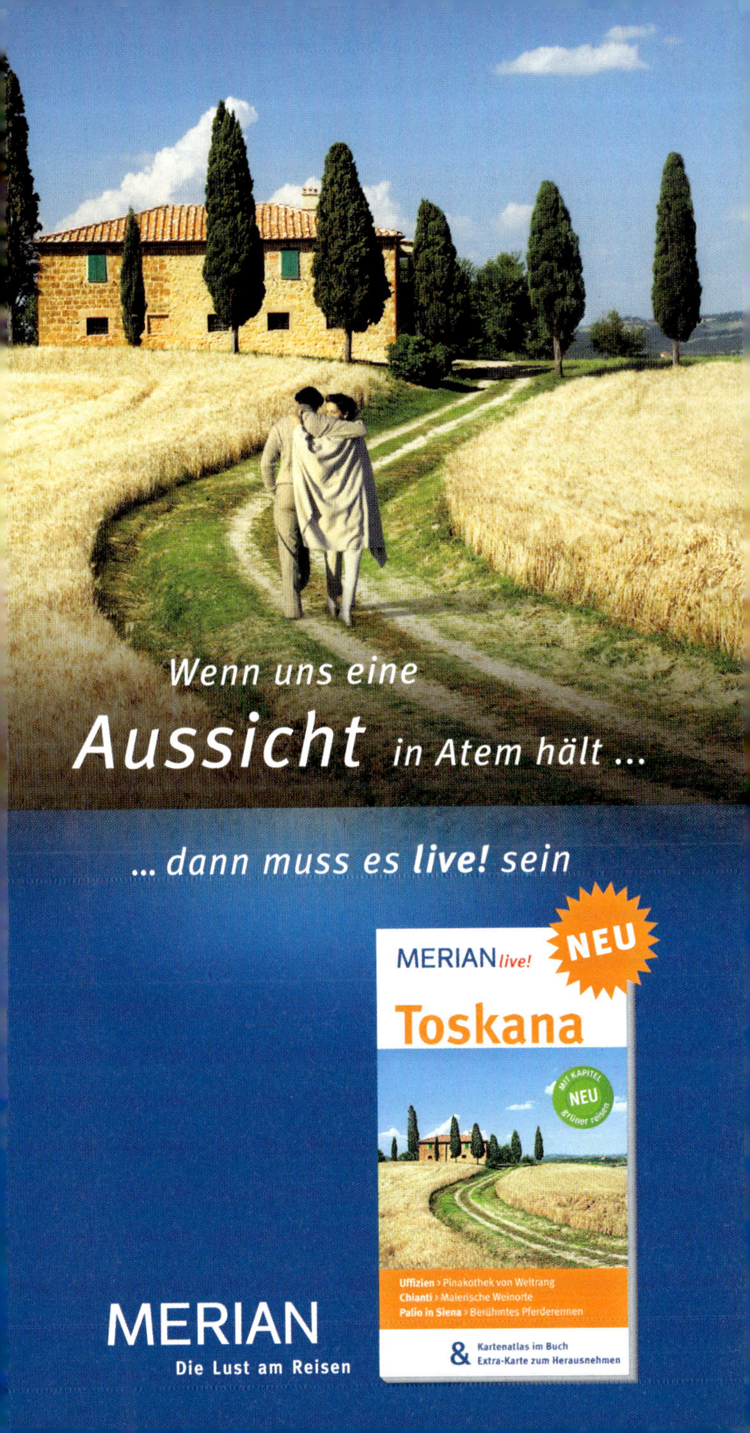

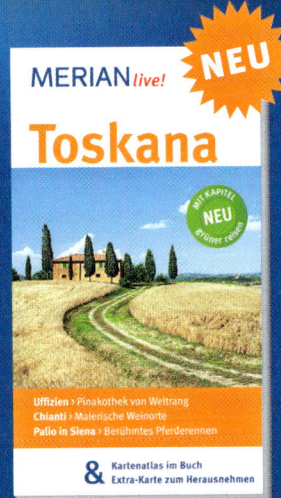

Liebe Leserinnen und Leser,

vielen Dank, dass Sie sich für einen Titel aus unserer Reihe MERIAN *live!* entschieden haben. Wir freuen uns, Ihre Meinung zu diesem Reiseführer zu erfahren. Bitte schreiben Sie uns an merian-live@travel-house-media.de, wenn Sie Berichtigungen und Ergänzungen haben – und natürlich auch, wenn Ihnen etwas ganz besonders gefällt.

Alle Angaben in diesem Reiseführer sind gewissenhaft geprüft. Preise, Öffnungszeiten usw. können sich aber schnell ändern. Für eventuelle Fehler übernimmt der Verlag keine Haftung.

© 2012 TRAVEL HOUSE MEDIA GmbH, München
MERIAN ist eine eingetragene Marke der GANSKE VERLAGSGRUPPE.

1. Auflage

Alle Rechte vorbehalten. Nachdruck, auch auszugsweise, sowie die Verbreitung durch Film, Funk, Fernsehen und Internet, durch fotomechanische Wiedergabe, Tonträger und Datenverarbeitungssysteme jeglicher Art nur mit schriftlicher Genehmigung des Verlages.

BEI INTERESSE AN DIGITALEN DATEN AUS DER MERIAN-KARTOGRAPHIE:
kartographie@travel-house-media.de

BEI INTERESSE AN ANZEIGENSCHALTUNG:
KV Kommunalverlag GmbH & Co KG
MediaCenterMünchen
Tel. 0 89/92 80 96 44
winzer@kommunal-verlag.de

TRAVEL HOUSE MEDIA
Postfach 86 03 66
81630 München
merian-live@travel-house-media.de
www.merian.de

PROGRAMMLEITUNG
Dr. Stefan Rieß
REDAKTION
Simone Lucke
LEKTORAT
Waltraud Ries
BILDREDAKTION
Lisa Grau
SCHLUSSREDAKTION
Ulla Thomsen
SATZ
Sabine Dohme, München–Planegg
REIHENGESTALTUNG
Independent Medien Design,
Elke Irnstetter, Mathias Frisch
KARTEN
Gecko-Publishing GmbH
für MERIAN-Kartographie
DRUCK UND BUCHBINDERISCHE VERARBEITUNG
Stürtz Mediendienstleistungen, Würzburg
GEDRUCKT AUF
Eurobulk von der Papier Union

Ein Unternehmen der
GANSKE VERLAGSGRUPPE

MIX
Papier aus verantwortungsvollen Quellen
FSC® C043954

BILDNACHWEIS

Titelbild (Utkiken und Viking): G. Knoll

Arco Images: Camerabotanica 26 • F1online: Schräter 93 • fotolia: schenkArt 92 • Göteborg Culture festival: D. Gillberg 44 • Liseberg: S. Karlberg 46 • Mauritius Images: imagebroker/ G. Lenz 72, Alamy 91 • Oper Göteborg: stromgren/celis/Urban Jören 43 • shutterstock: nra 90 • Solrosen 29 • Vario images: Naturbild 89
Alle übrigen Bilder: G. Knoll